安倍晋三黙示録

『安倍晋三 回顧録』をどう読むべきか

西村幸祐

エムディエヌコーポレーション

はじめに

二〇二二（令和四）年七月八日、安倍晋三《あべしんぞう》氏は銃撃によって暗殺された。まず、故人の御霊《みたま》の安寧《あんねい》を深くお祈り申し上げたい。日本における歴代の内閣総理大臣の暗殺は、伊藤博文《いとうひろぶみ》、原敬《はらたかし》、高橋是清《たかはしこれきよ》、濱口雄幸《はまぐちおさち》、犬養毅《いぬかいつよし》、齋藤實《さいとうまこと》と、安倍氏で七人目であり、戦後では初めてのことである。

私は安倍氏に幾度となくお会いする機会があった。第二次安倍政権が発足した翌春には、故・西部邁《にしべすすむ》氏と西田昌司《にしだしょうじ》参議院議員とともに総理官邸に招かれて午餐《ごさん》の機会を預《あず》かった。二〇〇七（平成十九）年に第一次政権が一年間で終息した後の数年間、西部氏の提案で、私が編集委員を務めていた文芸オピニオン誌「表現者」の常連執筆者を交えて二カ月に一度、半蔵門のホテルで安倍氏を囲む勉強会を開催していたことがある。午餐は、そうしたことへの返礼の意味もあったのだろうと推測している。

安倍氏に最後にお目にかかったのは、二〇二二（令和四）年の二月、暗殺される半年ほど前のことだった。拙著や講演など他の場所ですでに何度か触れているが、私はこのとき、安倍氏に直接お会いして確認したかったことのひとつを伺うことができた。

二〇一五（平成二十七）年四月二十九日、米連邦議会上下両院合同会議に招かれて演説した際、安倍氏はキャロル・キング（一九四二年生まれの米シンガーソングライター）の名曲「You've got a friend」の歌詞を引用した。この引用はスピーチライターのアイデアだったのか、ご自身の意思だったのか、という私の質問に安倍氏は「僕ですよ。あの曲、好きだったから」と屈託なく答えてくれた。

安倍氏は米連邦議会上下両院合同会議の演説で、こう語った。

《まだ高校生だったとき、ラジオから流れてきたキャロル・キングの曲に、私は心を揺さぶられました。
「落ち込んだ時、困った時、……目を閉じて、私を思って。私は行く。あなたのもとに。たとえそれが、あなたにとっていちばん暗い、そんな夜でも、明るくするために」
原文／When I was young in high school and listened to the radio, there was a song that flew out and shook my heart.
It was a song by Carol King.

“When you’re down and troubled, …close your eyes and think of me, and I’ll be there to brighten up even your darkest night.”》（外務省ウェブサイトによる記録）

この引用は、二〇一一（平成二十三）年三月に起きた東日本大震災の際に米軍が展開した、当時トモダチ作戦と呼ばれた救難作戦に対する称賛と、今後の日米の同盟関係への期待を強調するためになされたものだが、私は今になってさらに、安倍氏のこの引用を強く思い返している。

暗殺から一年以上が経った。安倍氏の暗殺を契機として、国内外を問わず、一気に薄気味の悪い空気が漂い、世界の暗部が浮き彫りになってきているようだ。「落ち込んだ時、困った時」、「あなたにとっていちばん暗い、そんな夜」が近づいてきている、あるいはすでに私たちを覆っているように感じている。

本書のタイトルに「黙示録」という言葉を使った理由もそこにある。黙示録の辞書的意味の第一義は当然キリスト教用語であり、新約聖書を構成する最後の一書を指す。この世の終末と最後の審判、キリストの再臨と神の国の到来、信仰者の勝利等を書き記した予言の書である。しかしここでは、第二義の辞書的意味、たとえば大辞泉（小学館）による

《破滅的な状況や世界の終末などを示したもの》とお考えいただきたい。もちろん、二〇二三（令和五）年初頭に発売されて話題となった『安倍晋三 回顧録』（著／安倍晋三、聞き手／橋本五郎 聞き手・構成／尾山宏、監修／北村滋、中央公論新社）のタイトルに呼応させた言葉でもある。

本書の目的は、貴重な良著である『安倍晋三 回顧録』に収録された氏へのインタビューを参考としながら、それらの言葉の背景にはどのような状況があったのか、氏の功績の意義はどこにあり、また今後どのようにあり続けるのか、そして氏が果たせなかった、あるいは果たさなかった事案にはどのようなものがあり、その功罪はどのようなものであるのか、私独自の知見と取材記録、分析を加味して読み解くことにある。

多くの読者は、自民党の党是であり、保守政治家を自認した安倍氏が七年八カ月におよぶ第二次政権下で、なぜ憲法改正の発議《ほつぎ》にも至らなかったのか、疑問に思われるであろう。私は、九条二項を温存した「加憲論」を唱えた政権与党・公明党（創価学会）の選挙協力への配慮が大きな要因であったと思う。

暗殺というかたちで安倍氏を失ってからの一年間強の間に展開された、そして今後の日本に予想される〈黙示録〉とそれを克服するための方策と思想を、氏の足跡を素材として明らかにしたい。

安倍晋三暗殺事件は、事件発生後八カ月余りで一連の捜査を終結し、二〇二三（令和五）年一月十三日に殺人と銃刀法違反の罪で起訴されていた暗殺犯は、同年三月三十日に奈良地検によって建造物損壊、武器等製造法違反、火薬類取締法違反、銃刀法違反の四つの罪で追起訴され、事件の扱いは法廷に移ることになった。暗殺犯は精神鑑定のために鑑定留置されていたが、刑事責任能力はある、という結論に至っている。

同年五月十八日に奈良地裁から、同年六月十二日を第一回公判前整理手続きの期日とする旨《むね》の発表があった。この手続きで公判日程や争点が確定されることになっていたわけだが、その内容は非公開である。この時点で大方の関係者の間には、初公判は二〇二四（令和六）年以降に裁判員裁判で審理されるだろうという見通しが持たれた。

公判までの時間が長過ぎないか、というのが私の印象だった。そして、時間がかかり過ぎている一方、暗殺犯の動機に関するマス・メディアの分析は「母親が入信した世界平和統一家庭連合（旧統一教会）に恨みを抱き、教団とつながっていると思って安倍氏を銃撃したとされる」以上のものから出ていなかった。追起訴以降に、「週刊文春」が同年五月四・十一日合併号（四月二十七日発売）で、事件の五年ほど前に暗殺犯が革命を起こすと宣言していたという関連記事、そして、次号の五月十八日号（五月十日発売）で《検証レポート「安倍元首相暗殺　疑惑の自衛官を直撃」》という記事を掲載したくらいのものである。

とはいえ、「安倍元首相暗殺　疑惑の自衛官を直撃」は確かに衝撃的な内容を含む記事だった。事件直後に同誌の情報提供窓口・文春リークスに「防衛省で監察部門の職にある」と自称する匿名《とくめい》のA氏から「事件発生後、海上幕僚監部宛に、現職自衛官が関与しているのではないか？　と●●（原文は実地名）地区所属の海曹から通報があった」というメールが届き、同誌はその現職自衛官を追った。件《くだん》の自衛官は安倍氏の出身大学である成蹊大学を中退しており、同教育機関の後援会組織「成蹊会」の監査員として二〇一九（令和元）年に表面化した安倍氏の「桜を見る会」の政治活動資金不正使用疑惑に関する調査を担当するうちに、「成蹊会」の名を汚した先輩として安倍氏を殺したいと考えるようになったという。そしてこの自衛官は二〇二二（令和四）年五月に京都で暗殺犯と会食し、「人を弾《はじ》いてみたいか？」「ヒーローになりたいか？」と発言したというのである。

客観的な裏付けがなかなか取れないまま第三者からの情報提供が続き、また本人に対する取材もある中、この自衛官は二〇二三（令和五）年の四月に退官し、同誌はこの元自衛官から回答書なるものを受け取る。回答書には「安倍晋三の殺害が達成された今、私は罪には問われないと自負しております。殺人教唆《きょうさ》だとか騒ぐ人達は自衛隊内においては多数おりますが、私が意図して山上《やまがみ》（徹也《てつや》）容疑者に対して指示をした確固たる証拠はないはずですから、完全犯罪です」という文章が含まれていた。記事は、《これまでの取材で確実に言えることは、「安倍を葬《ほうむ》れたことは感無量」と堂々と取材に答える人物がつい先月まで海上自衛隊にいたこと、そして安倍氏暗殺事件に関連して複数回、事情聴取を受けていたことの二点だ。戦後最大級のテロと自衛官のかかわりは本当に一切なかったのか、徹底的に検証されるべきである》と結んでいる。

この記事が正しいかどうかは別にしても、安倍氏暗殺が泛《うか》び上がらせたものは、間違いなく日本の戦慄すべき〈状況〉である。自衛官が重大なテロに関与して「安倍を葬れたことは感無量」と取材に答えたことは、自衛官としての職責と使命感、知性も完全に欠如したテロリズムの容認に他ならない。こうした重大事案をメディアが全く批判しない、非常に歪《ゆが》んだアンフェアな社会構造そのものが、まさに安倍氏が第一次政権の時から闘っていた〈戦後レジーム〉そのものの一部なのである。

マス・メディアは当初から終始一貫して現在まで、「暗殺」および「テロ」という言葉を極力使わないようにしていた。異常なことだ。もちろん、海外メディアは暗殺事件直後から「暗殺」という言葉を今日《こんにち》まで使用している。また、驚くべきことに暗殺事件の翌朝の朝刊の第一面の見出しは、朝日、産経、日経、毎日、読売の各主要新聞すべてがまったく同じ、「安倍元首相　撃たれ死亡」というものだった。一字一句違わないのである。

私は当然、事件の当日から暗殺という言葉を使い、テロという言葉を使った。海外では英語圏であれば「assassination」という言葉をはじめ、ほとんどのメディアが暗殺事件として報道していた。ある新聞社の編集委員によれば、「海外メディアはまず速報性を重視する。日本では銃撃による殺傷は珍しい。しかも知名度のある元総理の殺害だから、訴求力を考えて暗殺という言葉を使った。一方、日本の新聞は、警察情報によれば政治的背景が薄いので、銃撃、死亡という事実優先になったのでしょう」ということらしい。

だが、ジョン・レノン暗殺という言い方が常識的に存在し、一九八一年三月に起きたレーガン米国大統領暗殺未遂《みすい》事件の犯人は、政治的背景がないのに「レーガン暗殺未遂」と呼ばれている以上、奇妙である。事件当日、私宛に《高市《たかいち》（早苗《さなえ》）氏は「これはテロですよ」って官邸に帰ってきた際に言ってた》というツイートがあった。事実関係はともかく、私は、《高市さんでなくても、世界中の70億人はテロと言うでしょう。テロと日本のメディアが言わないのは、日本には9条でテロがないと思っているか、安倍元総理暗殺を意図的に矮小《わいしょう》化する魂胆がある》とリプライした。

二〇二〇年時点で中国共産党人民解放軍の出撃数が過去最高の約三百八十回に上った、いわゆる台湾有事に対する、同年四月の菅義偉《すがよしひで》総理（当時）とジョー・バイデン米国大統領による日米首脳共同声明をはじめとする日米の同盟強化に対し、中国は、二〇二一年七月、陝西《せんせい》省宝鶏《ほうけい》市の共産党政法委員会が、台湾有事の際には日本を核攻撃するという動画をインターネットに公開する情報戦と世論戦を展開した。

同年十二月、安倍晋三元総理は台湾のシンクタンク主催の公開フォーラムで「台湾有事は日本および日米同盟の有事だ。この認識を習近平《シー・ジンピン》国家主席は断じて見誤るべきではない」と述べ、二週間後にも台湾のシンクタンクで同様の警告を行った。

二〇二二年二月二十四日、ロシアがウクライナに武力侵攻し、リアルで本格的な戦後国際秩序の混乱が始まった。そして、同年七月八日、供述によれば「数カ月前から事件を計画していた」人物が安倍元総理を暗殺した。同年八月にナンシー・ペロシがアメリカ下院議長としては二十五年ぶりとなる台湾訪問を行い、蔡英文《ツァイ・インウェン》総統と会談を行った。ナンシー・ペロシは同年十月に自宅を襲われ、夫のポール氏が頭蓋骨《ずがいこつ》骨折の重症を負っている。

二〇二〇年には年間五回、二〇二一年には年間八回のミサイル発射実験を数えていた北朝鮮は二〇二二年には一日だけで二十三発の発射を含む、巡航ミサイルと弾道ミサイル合わせて九十発以上を発射した。二〇二三年は六月までに巡航ミサイルと弾道ミサイル合わせて二十発程度を発射した。

二〇二三（令和五）年の通常国会において岸田文雄《きしだふみお》内閣は「LGBT理解増進法」の成立を急いだ。そのさなか、ラーム・エマニュエル駐日米大使は、十五の国と地域の在日外国公館の大使らが出演する、LGBTを含めた多様な性コミュニティーを支援して差別に反対するという趣旨の動画をSNSに投稿し、また、大手新聞上で、LGBT理解増進法の早期法制化を主張し、ジェンダー平等や性的少数者の権利保護について日本政府が地方自治体や世論に追いつくことを望む、と述べてまわった。アメリカの日本への内政干渉があからさまになってきている事案を、日本人はしっかり認識すべきである。

より明確に言えば、安倍政権が〈対米自立〉を目指して歩んだ八年八カ月の軌跡を、岸田政権は〈対米従属〉へ舵《かじ》を切り、日本永久占領への道を躓《つまず》きながら歩き始めた。

同年五月のG７広島サミットに、日本政府は、韓国とオーストラリア、そしてグローバル・サウスと呼ばれるインド、インドネシア、ブラジル、ベトナム、コモロ、クック諸島の計八カ国の首脳を招待した。最終日の五月二十一日には、急遽《きゅうきょ》来日したウクライナのウォロディミル・ゼレンスキー大統領がサミットに対面参加し、特に、対ロシア関係において今後の国際秩序の重要アクターであるインドのナレンドラ・モディ首相との直接会談が注目された。二〇二二（令和四）年九月二十七日に行われた安倍氏の国葬に、モディ首相がインドから日帰りの日程で参列し、昭恵《あきえ》夫人との面会をも果たしたことは記憶に新しい。

しかしそれだけに、G７広島サミット２０２３に安倍氏の不在が暗い影を投げかけていた。総理大臣を退いていたものの、安倍氏はG７で最も経験のある政治家として混迷する世界に大きなピクチャーと指針を提示できる存在になっていたからだ。

ウクライナ戦争を例にとってみても、戦争当事国の隣国で大きな影響力を持つトルコのエルドアン大統領、グローバルサウスの筆頭であるインドのモディ首相は、ロシアのプーチン大統領と信頼関係の下での対話が可能である。この二人に安倍元総理が加われば、ウクライナ戦争の行方を左右する何らかの「決定」や「決断」を下すブリッジの役割が果たせたのではないか。

広島でＧ７サミットを開催し参加者が広島平和記念資料館を見学し、核廃絶をスローガンにしたなら、そのために核抑止が必要で平和の構築につながることを安倍氏なら提示できたはずだ。歴史を振り返れば誰でも容易にわかるように、東西冷戦下の一九七七年、ソ連が「ＳＳ―20」という中距離弾道核ミサイルを東欧に配備し、米国の核抑止を無効化しようとしたとき、西ドイツの左派政権だったシュミット首相は米国の中距離弾道核ミサイル「パーシング」を配備し、中距離弾道弾どうしの均衡を保つことに成功する。つまり、その時点で米国とソ連の大陸間弾道弾の核の傘を無力化し、結果的にソ連とＮＡＴＯ〈北大西洋条約機構〉の中距離弾道弾の削減交渉が始まり、核軍縮をもたらした。

今のアジアに譬《たと》えれば、日本が当時の西独であり、中国、北朝鮮が当時のソ連なのだから、日本のとるべき道は決まっている。

連続在職日数二千八百二十二日、八年八カ月に及ぶ憲政史上最長の宰相《さいしょう》となった安倍晋三氏の足跡を客観的に捉えることは、決して氏の功績を数え上げるということではなく、彼の果たし得なかった約束を見直し、その原因を探ることでもある。そこで初めて、今の日本が直面している危機、つまり〈黙示録〉の啓示を読み解く作業となるはずである。

安倍晋三黙示録

『安倍晋三 回顧録』をどう読むべきか――目次

第二章 アベノミクスの光と影 —— 105

構成　尾崎克之
装幀・デザイン　三田村邦亮
本文DTP　メディアタブレット
写真　Getty Images

序章　可視化してきた、暗殺事件の底に流れるもの

一年弱の間に起きた総理暗殺事件、前代未聞の連鎖

二〇二三（令和五）年四月十五日、現職の総理大臣である岸田文雄氏が、和歌山県和歌山市の雑賀崎《さいかざき》漁港で選挙応援演説中に鉄パイプ爆弾による襲撃を受けた。二〇二二（令和四）年七月八日の安倍晋三氏暗殺事件から一年と経たない内に起きた総理暗殺未遂事件である。総理暗殺という点において、これは、憲政史上つまり一八九〇（明治二十三）年以降、稀《まれ》に見る前代未聞の出来事だ。

一九三六（昭和十一）年の二・二六事件では、元総理で当時大蔵大臣の高橋是清と元総理で当時内大臣の齋藤實が射殺され、当時現職総理の岡田啓介《おかだけいすけ》が官邸を襲撃された。ただしこれは反乱軍と呼ばれた陸軍青年将校らによる一連のクーデター行動によるものである。直近の次の事件は一九四一（昭和十六）年、元総理で当時内閣参議無任所国務大臣の平沼《ひらぬま》騏一郎《きいちろう》に対する狙撃事件となる。

二・二六事件においては、反乱軍が陸相官邸で、そして反乱軍の要請によって川島義之《かわしまよしゆき》陸相が昭和天皇の御前で読み上げた蹶起《けっき》趣意書が残されている。そこにはクーデターの動

機が明確に記されていた。平沼騏一郎暗殺未遂《みすい》は、当時の対米関係修復外交を批判する国家主義団体の一員によってなされた。安倍氏暗殺事件、岸田氏暗殺未遂事件の犯人ならびに容疑者に明確なイデオロギーが見いだせないのは周知の通りだろう。多くの方が感じているかもしれないが両者は風貌に共通性があり、その行動は幼稚かつ粗暴で短絡的に見え、不気味さの顕在化、可視化といったものを象徴しているように思える。

第二次世界大戦後、安倍晋三氏暗殺事件まで日本における総理暗殺事件はない。暗殺未遂は二件、一九六〇（昭和三十五）年に当時現職総理の岸信介《きしのぶすけ》氏、一九九四（平成六）年に元総理の細川護熙《ほそかわもりひろ》氏に対してなされた。細川氏の事件は天井に向けての発砲だった。

つまり、戦後七十年の間に起こった総理暗殺事案は未遂のみ二件だったものが、二〇二二（令和四）年からの一年弱の間だけで暗殺と未遂の二件が生じたことになる。異常な事態だと考えないことの方が非常識的だ。

警護の甘さが物語るもの

安倍晋三氏暗殺事件においては、事実として元総理というトップレベルの要人が殺害されてしまったのであるから、事件当初から当然のこととして警護のあり方が問題になった。警察庁は事件から四日後の七月十二日、二之湯智《にのゆさとし》国家公安委員長の指示の下に露木康浩《つゆきやすひろ》警察庁次長（当時。現・警察庁長官）をトップとした長官官房や警備局の幹部ら十人程度を中心メンバーとする「検証・見直しチーム」を発足した。その検証結果は八月二十五日に提出され、警察庁ウェブサイトに「令和4年7月8日に奈良市内において実施された安倍晋三元内閣総理大臣に係る警護についての検証及び警護の見直しに関する報告書」というタイトルで、計五十四頁のＰＤＦ文書として公開、保存されている。

興味深いのは、つまるところ大失敗に終わった警護計画書が所轄の奈良県警でどのように決裁されたのか、という点である。報告書には次のように書かれている。

《7月8日午前9時頃までに、本部警備課課長補佐（身辺警護員Ｂ）、本部警備課次席、本部警備課長、警備部警衛警護・危機管理対策参事官、警備部長及び警察本部長は、本件警護警備計画書を決裁した。

本件警護計画（本件警護に係る警護計画をいう。以下同じ。）の作成（起案・決裁）の過程では、街頭演説場所が6月25日と同一であったことから、本件遊説場所における警護員の配置については、6月25日警護を踏襲したのみであり、本件遊説場所の南方向への警戒、銃器による攻撃への備え等に関しては具体的に検討がなされず、決裁の過程においても、指摘はされなかった（決裁過程については下表参照（略・筆者注））。

さらに、本件遊説場所付近の周辺警備、交通整理等に従事する制服警察官の配置等についての検討又は指示もなかった。また、県道の交通規制について検討はされず、本件警護の当日、県道の交通規制は行われなかった。この点、本件遊説場所は大和西大寺駅《やまとさいだいじ》の直近に位置し、その南方向には、バス・タクシーロータリーが位置しており、旅客自動車運送事業者（バス・タクシー事業者）への事前周知等を行わずに県道の通行を禁止するなどした場合には、公共交通への影響を含め交通上の混乱も生じ得る状況であった。

本部警備課では、本件警護計画の作成（起案・決裁）の過程において、警護対象者が元内閣総理大臣であり、6月28日に想定以上に多数の聴衆が集まり、聴衆と接する時間も長かったことを考慮すべきであると認識されていたものの、6月25日警護時に違法行為や混乱が発生せず、安倍元総理に危害を加えることを示唆するなどの具体的な脅威情報に接していなかったことから、本件警護に関する警護上の危険について、多数の聴衆が集まることに伴って生じる危険又は安倍元総理が聴衆に接する際に生じる危険を除き、

それ以上踏み込んだ組織的検討や評価がなされることはなかった》（警察庁ウェブサイト「警備局」より）

「6月25日警護」とは、同場所つまり、大和西大寺駅北口における茂木《もてぎ》敏充《としみつ》自民党幹事長の選挙応援演説の際の警護を指す。「6月28日に想定以上に多数の聴衆が集まり」とは、暗殺犯行現場に近い大和西大寺駅南口で安倍氏が六月二十八日にすでに行っていた応援演説の様子を指す。

報告書の提出を受けて各新聞が指摘していたことだが、「過去の警護計画を安易に踏襲したことによって七月八日の安倍氏の演説の警護計画に不備が生じた」ということである。報告書にはたびたび、「本件結果を阻止することができた可能性がなかったとはいえない」「本件結果を阻止することができた可能性が高かったと認められる」「本件結果の発生を阻止することができた可能性がある」という表現が登場する。

なお、暗殺現場となった大和西大寺駅北口は、かねてから奈良県警が、警護上きわめて問題があるとして神経を尖《とが》らせていた場所だった。七月二十一日に関西テレビが、同場所については奈良県警が少なくとも二〇二二（令和四）年一月から、「演説をしたい」と言ってきた議員や政党に対してすべて「警備上の問題があるからやめてほしい」として演説をさせていなかった、というニュースを流した。

実際、立憲民主党の泉健太《いずみけんた》代表は四月に計画した同場所での演説を、「後方の警備が難しい」として断られている。泉代表は少しばかり離れた場所で演説をしたが、その際、防弾パネルで覆った車の上で演説することを警察から要望されたという。

また、日本共産党は同場所で演説を行ったが、ガードレールを移動させた上で選挙カーを入れ、車上で演説を行った。日本維新の会は同場所から百五十メートル離れた場所で、緊急時に使える車両を用意したうえで演説を行うよう指導されている。

一方、自民党の関係者は、「あの場所は三百六十度見渡すことができるし、ガードレールで囲われているので聴衆が来ることもない」として警察から警護上の問題を指摘されることはなかった、という。なぜ自民党だけ扱いが異なったのか、六月二十五日の茂木幹事長の演説についても同じことが言えるが、なぜ六月二十八日および件《くだん》の七月八日の安倍元総理の演説に限って、ほとんど丸裸の状態を見過ごしたのか、という疑問はやはり残るのである。

一方、二〇二三（令和五）年四月十五日の岸田総理に対する暗殺未遂事件は聴衆の男性と警護員が軽傷を負ったものの岸田総理を無事に退避誘導したため、当初、その警護体制は評価された。ただし、この事案についても、露木警察庁長官の声明によれば「わずか一年足らずのうちに、今回の事件が発生してしまったことを重く受けとめている。そういう思いの中で報告書の取りまとめに至った」ということから作業され、二〇二三（令和五）年六月一日に公開された報告書を見ると、やはりここにも認識の重大な欠陥があったことが見て取れる。

岸田総理暗殺未遂事件の警護に関する報告書は、安倍氏暗殺事件と同様、警察庁ウェブサイトに、「令和5年4月15日に和歌山市内において実施された内閣総理大臣警護に係る警護上の課題と更なる警護の強化のための取組について」というタイトルで計三十五ページのＰＤＦ文書として掲載されている。

報告書は、問題点を「漁協関係者等でない者が聴衆エリアに入ろうとする可能性があること」を前提とした警護計画となっていなかったために「被疑者による総理への接近と本事案を防ぐことができなかった」としている。聴衆については「参加が見込まれるのは１００名前後であり、うち漁協関係者が50名程度、その配偶者が50名程度であること」「仮に、漁協関係者やその配偶者がその親族に参加を呼び掛けても、これらの者の総数が２００名を超える見込みがないこと」「当日は雨と強い風が見込まれることから、釣り人も姿を見せる見込みがないこと」と決め打ちされていた。入り口で漁協のスタッフが訪れた人の顔を見て部外者がいないか識別することになっていたが、容疑者が聴衆エリアに入り込んだ際には警護にあたる警察官や漁協スタッフのいずれも気づかず、チェックが不十分だった、ということである。そして、報告書は、「一たび被疑者が聴衆エリアに侵入した後にあっては、被疑者による投擲《とうてき》を阻止して本事案を防ぐことは困難であった」としている。

報告書には、次のような記述がある。

《聴衆エリア内には多数の聴衆が存在し、多くの者がスマートフォン等を操作したり、総理の様子を撮影したりしていたことから、警護員がその中に紛れて当該物体を投擲しようと準備している被疑者の不審な行動に気付くことは容易ではなく、当該物体を投擲しようと準備してから投擲するまでの時間が極めて短かったことから、聴衆エリア内に配置されていた警護員その他の警護員がこれに気付いて当該物体の投擲を阻止することは困難であったと認められる》

《筒状の物体が投擲された後、身辺警護員は、総理を防護するため、装備資機材を活用しながら、他の警護員と連携して、密集して総理を取り囲みながら車両まで緊急退避させており、総理の身辺の安全を確保するための迅速かつ的確な対応がとられていたものと認められる》

《爆発物処理に関する実務に照らしても、当該物体を無力化する時間的余裕はなく、当該物体が投擲された後に本事案を防ぐことは不可能であったと認められる》（警察庁ウェブサイト「警備局」より）

報告書は、警察と応援演説の主催者側との間で綿密な協議が行われず、警護計画に実効的な安全対策が盛り込まれなかったことで事件の発生を許したと結論づけ、主催者側への働きかけなど、隙《すき》のない警護・警備に向けた対応を見直す、としている。

警察庁という行政組織に内在する問題

実はこの報告書、つまり二〇二三（令和五）年六月一日に公表された「令和5年4月15日に和歌山市内において実施された内閣総理大臣警護に係る警護上の課題と更なる警護の強化のための取組について」がまとめられている最中に、参議院で興味深い質疑応答があった。報告書公表の二週間ほど前、五月十五日に行われた参議院行政監視委員会における、自民党の青山繁晴《あおやましげはる》参議院議員の質疑と警察庁の原和也《はらかずや》警備局長との応答である。

青山議員はまず、「行政組織としての警察庁に問うものでありまして警察官の方々に問うものではありません」と前置きした後、「日本の警察官は客観的に見て世界の警察のトップレベルにあると考える。課題はその警察官を訓練する上層部あるいは行政組織としての警察庁にある。なぜかというと自衛官もそうだが警察官も訓練していないことはできない。いざとなった時には訓練のあり方がそのまま裸で出てくる」と述べ、「各国の治安当局の意見を暗号化された電話などで収集してみたところ、日本のメディアでは比較的褒《ほ》めそやしたところもあったところの爆発物と思われるものを警護官がとっさに蹴ったことが問題視されている」という問題提起の後、次のようないくつかの質疑を行った。

「普通、要人警護というのは、銃器に加えて爆発物の警護も事前に訓練を徹底的にいたします。その時に、目の前に爆発物があった時に、それを逆に、総理への逆方向であっても足で蹴るというのは信じられないことであり、これについて、私自身もいま国会議員を務めておりますから、ずいぶん世界から聞かれました。私としては、もう答えに窮《きゅう》しながらも、『いや、とにかく総理から遠ざけようとしたんでしょう』ということは答えているんですけれども、答えていて、実は自分でも納得できないです。これについて、まず警察庁のご説明をお聞きします」

「皆さんご記憶だと思うんですが、一九八一年の三月末に、ワシントンDCでレーガン大統領、現職の大統領が襲撃されるという事件がありました。あの時は爆弾ではなくて銃器であったわけですが、あの時、レーガン大統領は左胸に着弾しましたけれども、犯人は相当、銃の、言わば私的な訓練をしていて、何発も撃ったわけですね。ですから、大統領の押さえ付け方を、もしアメリカの治安当局が間違っていれば、連弾を浴びてレーガン政権はそこで終わったと思います。で、これ実に四十二年経っているわけで、警察庁におかれても当然何度も何度も勉強をされ、アメリカとの連携、いかに連携してきたかも私は聞いておりますが、学んできたはずが、今回それが生かされていません。

いま質問しているのは一人ですから、あえて自分一人でやりますが、今回の岸田総理を私とするとですよ、警護官がこの左手とすると、皆さん、あの映像ある程度残っているのでご記憶だと思うんですが、総理を言わば立たせたまま、もちろん囲みましたけれども、だから安倍総理の事件の時よりはマシになっているんですけれども、囲みましたけれども、立ったまま移動されているわけですよね。これ、実際どうしなきゃいけないかというと、私が岸田総理とすると、当然こうしないと（頭を押さえつけてかがませる・筆者注）いけないいんです。もう総理大臣だろうが遠慮なく。人間、ヘルメットをかぶっていないし、頭が一番弱いので、生命の維持を一番重視しなきゃいけませんから。総理にも内々で実は訓練を受けていただいて、いきなり警護官に頭を押さえられたかといって動揺せずに、まあ総理たる者、簡単に動揺なさりませんが。それでもこの沿った動きをしていただいて。で、総理車がすぐ近くにいて、総理車がどれほど防御力があるかっていうのは一種の機密事項ですけれども、簡単に言うと、携行ロケット弾にも耐えられます。したがって、総理車の中に入っていれば安全と言えるわけですけれども、だから、レーガン大統領は大統領専用車の中に押し込まれて、その後、撃たれてもそれ以上の被害はなかったわけです。二問目はですね、その爆発物を蹴ったっていう事実に加えて、その総理が退避なさる時、ほぼ立ったまま誘導していたっていうことについては、どうお考えなんでしょうか」

「私たちの自由民主党では、党の正式機関で警察に対して問答も行いました。その時に今日おいでの警備局長が私たちに説明されたところを、これは公開していいと思いますから、今この場で言える範囲で申しますと、容疑者、あくまでまだ容疑者ですけれども、容疑者が爆発物を投げ込んでから五十秒後に爆発したと。おっしゃったのはそれだけです。ただ、その後、私の知っているところも含めて、あるいは海外も含めて、破片がどういうふうに飛んだかというのは民間でもう調査結果がとっくに出ています。複数出ています。どこも一致しているのが、だいたい時速百四十キロメートルで、金属の破片がたまさか総理の方向に飛ばずに、これも実は恐ろしいことなんですが、聴衆の方に飛んでいったんですよね。それで、一番低い高さですと一メートル八十あるかないかだったということもだいたいわかっていますので、破片は複数飛んでいます。したがって、多少背が高い人であれば、顔や頭に当たった可能性もある。つまり、総理の方向には、たまたま飛ばなかった。聴衆の方に飛んでいったけれども、国民の中に犠牲が出なかったのは、偶然当たらなかっただけですね。そうすると、この今の話でもずいぶん幾つも課題が出てきまして、爆発するまでに五十秒あったと。レーガン大統領は、狙撃が始まってから大統領車の中に入るまでに九秒から十秒の間でした。これでも掛かった方です。こういう時の一秒っていうのは本当に長いですから。五十秒も爆発しなかったわけです。

これも大変な幸運で、しかも、その五十秒経った時に、総理はどこにいらっしゃったんでしょうか。私が現場をできるだけ調べた限りで言えば、総理はまだ総理車には乗っておられなかったと思いますし、それから、その現場から和歌山県警本部まで車で十分ぐらいなんですけど、もちろんそこに入っておられない。そうすると、いま警備局長からお話があった通り、総理を警護官の方々が囲んで、安全を目指して退避していただいている最中に、殺傷力の十分ある破片が飛んだわけですよね。そうするとですね。これ、今ここに至るまで私は言うべきかどうか迷いもしたんですが、あえて言うと、訓練の賜《たま》物《もの》によって私たちの岸田総理、民主的に選ばれた、与野党問わず選ばれた岸田総理が守られたというよりは、運に助けられたと言わざるを得ない。運に助けられる警護というのは、G7を開催するような国であってはならないんです。そのことをどうお考えなんでしょうか」

「今回の岸田現総理への襲撃事件の全体像を精査していくと、そもそも、安倍事件と同じような銃器による襲撃はある程度予期していても、爆発物に対する備えが実に甘かったんではないか。予期していないとまでは言いませんよ、さすがに。そこまでレベルは低くないけれども、しかし備えが足りなかったんじゃないか。この点をお聞きします」

（参議院行政監視委員会議事録「青山繁晴議員国会質疑　令和5年5月15日」より書き起こし）

これらの質問に対して原警備局長は、つまりは六月一日の報告書提出を控えていたかかも知れないが、基本的には「繰り返しになりますが、今回の和歌山県における警護の状況につきましては現在和歌山県警察において確認を行うとともに警察庁による精査を行っているところでございます。警護措置の評価についてお答えすることができる段階にはないことをご理解いただければと思います」という答弁に終始した。

当質疑の最後に青山議員は、きわめて重要と思われる、警察庁組織そのものの問題点について触れた。

「安倍元総理が暗殺された事件、冒頭に、警察官そのものを責めるんじゃないとわざわざ申し上げたのは、実は以下申し上げることだからですが、あの時、警視庁の専門の警護官は、何人と言いませんけど、極めて数少なかった。そのうち一人でも安倍総理に飛びかかっていれば安倍さんは命を落とすことはなかった可能性が高いと思います。それにもかかわらず、この行政監視委員会は警察庁長官には来ていただいていないですけど、私は議員の務めとして、警察庁長官が、なぜ警護官が安倍総理に飛びかからなかったのかという説明を国民に直接すべきだ、ということを何度も何度も申し上げました。ついにそれに答えがないまま、岸田総理の新たな事件にも至ったわけです。

皆さん、これ与野党問わず、ちょっと聞いていただきたいことがありまして、実は警察には担当大臣がいません。国家公安委員長ということになっていますが、国家公安委員長は、本当は担当大臣ではありません。本来は内務大臣がいなければいけません。

日本は敗戦後、GHQ（連合国軍最高司令官総司令部）によって幾つかのことがなされましたけど、そのうちの一つが内務省の廃止でありました。かつての特権を握り締めた内務省であっていいとは全く思いません。しかし、それならそれで、民主主義に基づく新しい内務省をつくるべきでした。担当大臣がいないということは、今日のような答弁でもまかり通ってしまう恐れがあるわけです。ですから、私たちは、できれば考え方の違いを乗り越えて、警察担当の内務大臣をつくるべきだと考えていますけれども、この件は警察庁の次長にお答え願えますでしょうか」

これに対しては、警察庁の緒方禎己《おがたよしみ》次長が、「現行の警察法は警察行政の民主的運営と政治的中立性を確保するため、合議制の民主的管理機関として国家公安委員会を置き、警察庁を管理させるとともに、政府の治安責任の明確化を図るため、国家公安委員会を代表する委員長について国務大臣をもって充てることとしております。その上で国家公安委員会では、警察行政のあり方について種々ご議論いただくとともに、その議論の状況等については国家公安委員会を代表する国家公安委員会委員長が国会の場や記者会見等においてご説明申し上げているところです」と答弁している。

内務省は、一八七三（明治六）年に創設され、一九四七（昭和二十二）年に廃止された官庁である。警察を所轄《しょかつ》していた内務省はGHQによって解体されたままであり、したがって内務大臣はおらず、現在、警察庁の担当大臣はいない。これは、青山議員が自身のブログ「青山繁晴の道すがらエッセイ」で述べている（二〇二一年四月十日付）ように、《国の中枢であればあるほど精神の深い部分で、いまだに被占領《ひせんりょう》状態にあること》を意味している。同ブログの中で青山議員はまた、《民主主義に基づく新しい『内務省』の創建は、安倍内閣の時代に秘かに検討されたことがあります》とも明かしている。

なお、「爆発物と思われるものを警護官がとっさに蹴ったこと」について、報告書には次のように記述されている。

《総理から約1・4メートル西の位置で警戒していた身辺警護員は、投擲直後に何らかの物体が投擲された事態に気付き、同物体が同身辺警護員の南東の位置（以下「落下位置」という。）に落下して、同身辺警護員に向かって転がり込んだ時に、筒状の物体が煙を上げつつ、火花を出し、又は橙色の光を点滅させているように認識したことから、瞬時に発火性の物体であると判断した。そこで、同身辺警護員は、専ら総理の身辺の安全を確保しようとする意識の下で、投擲の約2秒後には、落下位置の北西約1・5メートルの位置において、携行していた防護用の鞄で、続いて左足でこれを払い除けた。これにより、筒状の物体は、同身辺警護員が払い除けた位置から南東約1・8メートルに移動した。当該物体は、結果として聴衆エリアには到達せず、当初の落下位置から東に約0・4メートルの場所にとどまった。同身辺警護員は、投擲の約3秒後には、「退避」と叫んで周囲の警護員に緊急事態が発生した旨を告げつつ自らの身体を盾に総理と筒状の物体を遮り、左手に把持していた防護用の鞄を展張して、同物体の方向に掲げながら、緊急退避を開始し、他の警護員と共に密集して総理を取り囲み、その状態で演説予定場所から約19メートル北西方向の岸壁の近くまで総理を緊急退避させた》

《身辺警護員の一人は、何らかの物体が聴衆の頭上を越えて投擲された直後にその事態に気付いて、落下位置から同身辺警護員に向かって転がり込んだ筒状の物体を防護用の鞄で、続いて左足でこれを払い除けているが、これは、当該物体を発火性の物体であると認識する中で、総理の身辺の安全を確保するためにとられた行動であると認められる。結果として、落下地点から聴衆が所在する方向に当該物体を約0・4メートル移動させることとなったものの、咄嗟《とっさ》の判断としてやむを得ない行動であったと認められる》

青山議員は質疑の中で、「〝繰り返しになりますが〟という前置きの答弁のたびに警察の威信が地に落ちる」「警察が抑止力を持っていなくて、どうやって要人警護ができるのか。百万人の警察官をあてがうわけにいかない」「自らを守るような姿勢がむしろ警護の現場の警察官の日々の努力を傷つけていく」といった点を指摘している。報告書に、これらの答えは残念ながら見つからず、そして同様に、私にはここに青山議員の質疑で特に耳を傾けるべき核心があると思われるのだが、「訓練の賜物によって私たちの岸田総理、民主的に選ばれた、与野党問わず選ばれた岸田総理が守られたというよりは、運に助けられたと言わざるを得ない」に対するビジョン、ないし責任の所在の明確化もまた見出すことはできないと言えるだろう。

捜査および事件の実態公表が遅れに遅れる不可思議

二〇二三（令和五）年六月十二日に行われるはずだった安倍晋三氏暗殺事件の第一回公判前整理手続きは、報道によれば「奈良地方裁判所で爆発の恐れがある危険物が見つかった」ことから中止となった。公判前整理手続きは延期となり、本書執筆時点で、その実行日程は未定である。これで、初公判は二〇二四（令和六）年以降に行われるだろうという見方も大きく先送りされるはずだ。

「十二日午前十一時十五分ごろ、奈良地方裁判所に、縦およそ三十三センチ、横およそ二十八センチ、高さおよそ二十六センチの段ボール箱が粘着テープでこん包された状態で配達され、職員が金属探知機で調べたところ金属の反応があったため、警察に通報した」ということだが、犯行の意図が公判期日の引き伸ばしにあることはまず間違いないことであるにせよ、これで暗殺実行犯以外の何者かが事件に介在していることが明らかになったと言えるだろう。なぜ公判を引き伸ばす必要があるのか、今後はそれを精査することがひとつの重要なタームになるはずだ。

安倍晋三氏暗殺事件は、その捜査ないし調査発表において当初から不可思議な点が目につく事件だった。これについては、前項と同じく青山繁晴参議院議員がYouTubeチャンネル【ぼくらの国会・第371回】ニュースの尻尾「消えた銃弾 安倍元総理暗殺」で紹介している二〇二二（令和四）年七月二十日に行われた自由民主党「治安・テロ対策調査会」の様子が参考になる。青山議員によれば、調査会には警察庁から警備局長、捜査第一課長らも出席していたものの、配布された資料はテロ対策指針や火薬取扱者の責任指針など、安倍氏暗殺については話題を逸《そ》らそうとしているとしか思えないものばかりだった。

青山議員は、安倍氏の直接の死因や銃弾の弾道などについて質問した。警察庁側は、銃弾は左上腕部つまり肘《ひじ》から肩の間から入って鎖骨《さこつ》下動脈に当たった、と説明した。事件当日七月八日の奈良県立医科大学附属病院の会見によれば心臓にも損傷があった。ということは、弾道が体内で曲がったことになり、これは物理的に不可能だ。

警察庁側は、銃弾が貫通せず体内に留まっている「盲管銃創」が確認された、とも説明した。「体内に銃弾は残っていたのか」という青山議員の質問に対して、警察庁側は「残っていなかった」と答えた。「捨てたのか」という質問に対しては、「貫通していないが銃弾はなかった」と答えた。事件当日の奈良県立医科大学附属病院の会見では、「手術しているときに弾丸は確認できなかった」、また、「銃創が二つあった」とされていた。

救命医の所見と司法解剖結果の差異ということもあるだろう、銃創については二〇二二（令和四）年九月三十日に奈良県議会総務警察委員会で安枝亮《やすえだりょう》奈良県警本部長が、「首の銃創は右前頸部《けいぶ》の一カ所で、その近くに擦過傷《さっかしょう》つまり〝かすり傷〟があった。右前頸部が射入口となり体内に入った弾丸は右上腕骨に至っていた。心臓には銃による傷はなかった」と述べ、これがいちおう現在の定説となっている。心臓の傷については、心臓マッサージの圧力によって傷ついた可能性もなくはないが銃弾の衝撃波によって穴が空いた可能性が強い、という見方が強い。

「週刊文春」は二〇二三（令和五）年の二月、「《徹底検証》安倍元首相暗殺『疑惑の銃弾』」というタイトルの連載を四週にかけて行った。同誌の「疑惑」はおおむね、「安倍氏が被弾したのは一発目の後の左に振り返って受けた二発目であり、奈良県警の発表のように首の右側に弾が当たることは考えられない」、「警察庁関係者が、致命傷となった左上腕部の銃弾が消えている、と証言している」、「奈良県警による現場検証が五日後だったことに、警視総監経験者の一人が、遅すぎる、と苦言している」といった内容を中心としていた。今件では事件発生から奈良県立医科大学附属病院高度救命救急センターへ搬送されるまでに約四十九分かかっているが、同誌は、この救急搬送の遅れについても触れている。ちなみに二〇〇八（平成二十）年の統計だがドクターヘリの使用を含めた病院収容時間は全国平均で三十五・一分である。

また、同誌は、奈良県警は銃弾の紛失の公表を予定していた、とも書いている。事実として暗殺事件の現場検証は、事件発生から五日後に行われた。搬送過程で体内から落ち、この時間経過の内に紛失されたものだろうという見方もあるが、であればなおのこと、捜査のずさんさを指摘されて当然だろう。それ以前になお、なぜ現場検証が五日後だったのか、という疑問は残り続ける。

人の生命ということはもちろんだが、今件は民主主義に則《のっと》って国民が選出した議員を暴力によって抹殺するという現代社会プラットフォームを否定するテロリズムであり、事件のありように数々の疑惑あるいは疑問があるにもかかわらず、おおかたのマス・メディアは議論を一個の宗教団体の問題にシフトし続けた。銃創や弾道について触れたのはＮＨＫと産経、そして週刊文春くらいのものだったと記憶している。

事件にまつわる数々の疑惑あるいは疑問のいくつか、あるいはすべては、公判によって、それが真実であるかどうかはともかく公的に明らかにされるはずだった。公判は二〇二四（令和六）年には開始されるだろうと予想されていた。そのこと自体すでに時間がかかり過ぎる感があるが、二〇二三（令和五）年六月十二日の奈良地裁不審物事件によって、公判はさらに先送りされる事態となったのである。

アメリカの核の潮流と暗殺事件

暗殺事件のおよそ二カ月前の二〇二二（令和四）年五月六日、安倍元総理は「ＢＳフジＬＩＶＥプライムニュース」に出演し、《米軍が「核の傘」を含む抑止力で日本を守る「拡大抑止」に関し、日米両政府が報復の手順を協議し、決めておく必要がある》という内容の発言を行った。「拡大抑止」とは、同盟関係にある国への攻撃を自国への攻撃と見なして報復する意図を示すことで第三国に攻撃をためらわせようとする安全保障上の考え方である。「核の傘」は、核保有国が核兵器による反撃の可能性を示すことで同盟国に対する第三国の攻撃への抑止力を強める、ということだ。

安倍元総理は、この「核の傘」に破れ目ができている可能性があるから確認しろ、と言ったのである。「アメリカが核の報復をする確証を相手が持たないと抑止力にならない。具体的な手順を決めることが大切だ」とし、日本が攻撃された際のアメリカによる報復の手順は決まっておらず、「核の傘は揺るがないと米国は明言しているが、より現実的にする必要がある」とした。

「核の傘」の破れ目については、一定程度の根拠がある。二〇二〇年にアメリカで出版された『The Bomb: Presidents, Generals, and the Secret History of Nuclear War』（Fred Kaplan, Simon & Schuster）という書籍に二〇一六年にバラク・オバマ政権が行った核兵器の使用シミュレーションが紹介されている。ロシアがバルト三国に侵略し、NATO（北大西洋条約機構）が通常兵器で迎えるのに対してロシアが戦術核（局地戦用の小型核兵器）を使った場合の報復シミュレーションである。当初ロシアのカリーニングラードに核兵器を落とすことを想定していたオバマ政権は、最終的に、ロシア本土への核攻撃となってしまうことを避けてベラルーシに核を使用することと決定した。問題は、この想定がロシアに対する確実な抑止力となるのか、である。オバマ政権は、当初のさらに当初には、戦術核に対して通常兵器を使用する想定をも立てていた。

二〇二一年に成立したジョー・バイデンの政権は実質的に第二のオバマ政権だと言われ

ている。オバマ政権で国務省報道官を務めていたジェン・サキが、二〇二一年から二二年までバイデン政権下でホワイトハウス報道官を務めた際、オバマ〝大統領〟と発言してしまったことがあるほどだ。安倍元総理は日米の同盟関係がオバマ政権時代に戻りつつある可能性を想定したに違いない。

核の傘を確認せよという発言は、ロシアのウクライナ侵攻およびロシアの核使用発言を受けて組まれた報道番組でなされたものだが、安倍元総理の頭に中心的にあったのは中国共産党の動きだったはずである。

二〇二〇年時点で中国共産党人民解放軍による台湾のＡＤＩＺ（防空識別圏）への出撃数が過去最高の約三百八十回に上り、台湾有事が本格化した。二〇二一年、その数はさらに増え、約九百五十回に上った。

二〇二〇（令和二）年四月の当時の菅《すが》政権とバイデン政権による日米同盟強化を含む日米首脳共同声明などを経て、二〇二一年七月、軍事愛好家とされている「六軍韜略」というアカウントが「西瓜視頻（スイカビデオ）」という中国国内動画サイトに「日本がもし軍事的に我が国の台湾統一問題に干渉してきたら、我が国は必ず核攻撃日本例外論を打ち出すべきである」という趣旨の動画を公開した。動画は「日本が一兵卒、一砲弾でも動かそうものなら中国は直ちに日本を核攻撃し、日本が無条件降伏するまで核爆弾を投げ続ける」としていた。核攻撃日本例外論とは、原爆実験に成功した一九六四年からこのかた中国側から核攻撃することはないとしていたが、中国侵略の歴史を持つ日本に対してだけは例外である、という論である。

動画がアメリカに拡散し始めたことから中国政府はこの動画を削除したが、中国陝西省宝鶏市の政法（政治法制）委員会のアカウントが転載して公開していた動画だけが残された。宝鶏市はかつて、甘粛省《かんしゅく》にあった蘭州軍区の中核のひとつ、人民解放軍陸軍第二十一集団軍が駐在していた場所である。二〇一五年の軍事大改革による軍区から戦区への再編で、制度的には特権的な地位は失ったものの宝鶏市はそうした歴史を持つ地域であり、宝鶏市政法委員会のアカウントによる動画が削除されていないことの背後、さらには元々の「六軍韜略」というアカウントの背後には人民解放軍の存在があるに違いない、と特にアメリカのSNS上で噂されている。

そして二〇二〇年の十二月、安倍元総理の「台湾有事は日本および日米同盟の有事だ。この認識を習近平国家主席は断じて見誤るべきではない」という発言があり、それを無視するかのように翌年の二〇二一年、中国共産党人民解放軍による台湾のADIZ（防空識別圏）への出撃数は、先に触れたように前年比較二・五倍の約九百五十回を数えることとなった。二〇二三（令和五）年四月二十八日に呉江浩《ウー・ジャンハオ》駐日中国大使が着任後初の記者会見で、「台湾有事は日本有事という認識は中国の内政問題を日本の安全保障と結びつけることだ」と批判し、「日本の民衆が火の中に連れ込まれることになる」と述べたことは記憶に新しいだろう。

二〇二一年の日本核攻撃動画においては、背後に人民解放軍の存在があるにせよないにせよ、中国政府は削除つまり公式には否定の対応をとったものの、安倍元総理の暗殺事件以降は、「台湾統一問題に干渉してきたらただではおかない」という姿勢を政府レベルの見解としてあからさまにしてきている、ということである。

安倍元総理は二〇二二年三月二十二日にオンラインで台湾の蔡英文総統と協議し、台湾を訪問する意向を伝えている。安倍元総理の訪台は七月下旬に実現するはずだったとされている。安倍元総理はその直前に暗殺されたことになる。

安倍元総理の訪台は、暗殺の翌月八月初旬に実現することになるナンシー・ペロシ米下院議長の訪台を想定したうえでのことだったろう。中国はペロシ下院議長の訪台に猛反発する姿勢を見せた。

『君たち、中国に勝てるのか』（岩田清文・尾上定正・武居智久・兼原信克、産経新聞出版、二〇二三年）という、陸海空の自衛隊最高幹部OB三名と元国家安全保障局次長の対談書によれば、中国側はペロシ訪台を、アメリカが仕掛けてきた現状変更、つまり国際法違反だととらえ、軍事的体制をさらにエスカレートさせるチャンスと考えた、としている。同書は、二〇二七年までに中国が軍事行使するという論調がアメリカの軍関係者の間では常識となっている、ということも明かしている。そこには、中国側の、経済的な国力が早晩失速するだろうという読み、そして、ウクライナ戦争に忙しいアメリカ、防衛力増強に乗り出したところで到底間に合わないだろう日本という読みがある。

同書によれば、台湾有事の際の軍事作戦をとりしきるインド太平洋軍は非常に慎重な作戦計画を立てているという。特に空軍におけるACE（Agile Combat Employment、敏捷《びんしょう》な戦闘展開）と呼ばれる構想は、中国のミサイルの射程圏外で活動する戦力と、射程内に入って戦う戦力とを使い分けている。重要な軍事資産については中国のミサイル圏内には入れない。

一九九五年から翌年にかけて起こった第三次台湾海峡危機の際、アメリカは海峡に空母を二隻入れて中国を黙らせた。これを契機に中国ではA2／AD（接近阻止・領域拒否）

戦略がとられるようになり、第一、第二、第三列島線といった阻止・拒否ラインの概念が生まれ、「核心的利益」である台湾海峡に米空母を二度と寄せ付けない拒否能力を高め続け、自信を強めてきた。ペロシ訪台の際にアメリカは空母「ロナルド・レーガン」、強襲揚陸艦「トリポリ」および「アメリカ」などを台湾近くまで進出させたが、中国は軍事演習を続行している。

アメリカはつまり、中国のA2／AD戦略を読み、中国のミサイル脅威の外から可能な限り限定した作戦で戦うことを前提としている。「中国本土の航空基地を叩いて航空優勢を取る必要があるのではないか」という質問に対して、インド太平洋軍の司令官は、「そうなると中国との本格的な戦争に発展し、核戦争へのエスカレーションを招きかねない」と答えたという。

問題は、アメリカがそのような作戦をとる場合、日本はどうなるのか、ということである。自衛隊の南西諸島防衛はアメリカの航空優勢が前提となっているが、その前提は崩れている。つまり、場合によって日本は侵攻当初においてかなりのミサイル攻撃を受ける可能性がある、ということだ。

呉江浩駐日中国大使の「日本の民衆が火の中に連れ込まれることになる」という脅しは

理論が通っているのである。これはまさに「黙示録」の破滅的な状況のひとつだと言うことができるが、二〇二七年までに中国の軍事行使が考えられるという常識に対して、今の日本は官民ともに十分な対策とはほど遠いところにいる。二〇二三年の前半、日本の国会は、ラーマ・エマニュエル駐日米大使のSNSやマス・メディアを利用したあからさまな内政干渉を受けながら、LGBT理解増進法の審議に明け暮れた。

安倍晋三の世界秩序ビジョン

以前、加藤良三《かとうりょうぞう》元駐米大使がBSのニュース番組で、極めて重要だったサミットのひとつに一九八三年のアメリカ・バージニア州での第九回先進首脳会議、ウィリアムズバーグ・サミットをあげていたのを見て、はたと合点がいったことがある。ソ連封じ込めのためにNATOの理念のグローバル化が掲げられたサミットであり、このサミットに出席した外務大臣が安倍晋太郎《しんたろう》であり、その秘書官が息子の安倍晋三、当時二十八歳だった。若年からのこうしたハイレベルな体験が安倍晋三の国際関係を見る目を養い、外交センスを磨かせたに違いない。

安倍元総理は台湾有事と日米の軍事同盟、核の傘、アメリカの軍事作戦のありようを見据えて、リアリズムをもって核保有を考えた可能性がある。核を保有するということは、対米従属から離れ、完全独立の道を歩むことを意味する。

二〇一六年、アメリカの大統領選の共和党候補指名争いの最中に、ドナルド・トランプが「日本も核兵器を持った方がいい」と発言して話題になったことがある。その際、当時オバマ政権の副大統領だったバイデンが民主党ヒラリー・クリントン候補の応援演説の中で、「日本は核保有国になりえないと謳《うた》った日本国憲法を書いたのは私たちアメリカ人である。トランプはそれを学校で習わなかったのか」と述べた。バイデンは、日本はアメリカの属国であるということを前提としている大統領だ。

二〇二二（令和四）年二月二十四日にロシアがウクライナに侵攻し、第二次世界大戦後の国際秩序にとてつもない衝撃を与え、世界に亀裂と断層を生じさせ続けている。かつてウラジーミル・プーチンは安倍元総理に対して、「日米安保条約が破棄されれば、すぐにでも日露は平和条約を結ぶことができるだろう」という意味の発言をしたことがあるが、そうした、かつての荒唐《こうとう》無稽《むけい》が各国で実効性のある選択肢のひとつとして考えられるようになった状況を理解・分析しなければならない時代に入った。

中国共産党はウクライナ戦争で西側諸国がうろたえる中、中東に手を伸ばし、イランとサウジアラビアの関係の仲介まで行った。ロシアのルーブルを人民元が下支えする、いわばロシアを経済的に植民地化することによって人民元の価値を強めて国際通貨化しよう、ドルの地位を奪おうという習近平の野望は、一九四四年以来の世界経済プラットフォームであるブレトン・ウッズ体制を崩壊させるものだ。

安倍元総理は、もしかすればロシアのウクライナ侵攻という戦後最大の国際事件を見て、たとえば三度目の総理就任といった方法によって荒海に乗り出す思いを強めたものかも知れない。インドが国際関係の鍵を握る国になるだろうことは、安倍元総理は早くから確信していた。『安倍晋三 回顧録』の中で、《06年の第1次内閣発足前に出版した『美しい国へ』（文春新書）の中で、インドとの関係を重視する方針を掲げたのがきっかけです》（『安倍晋三 回顧録』三百十四頁）と述べている。また、二〇二二（令和四）年五月二十四日の自身のツイートで、日印協会の会長に就任したことの報告、インドのモディ首相との会談の報告がなされたあと、《官房長官時代から構想してきたクアッド》（QUAD、日米豪印戦略対話。日本、アメリカ、オーストラリア、インドの戦略的同盟関係を形成する四カ国で行われる会談）と述べている。安倍元総理が小泉純一郎《こいずみじゅんいちろう》政権のもとで内閣官房長官を務めていたのは二〇〇五（平成十七）年のことである。

暗殺事件から六日後の二〇二二（令和四）年七月十四日に、岸田総理は、安倍元総理の葬儀を国葬儀《こくそうぎ》の形式で執り行う旨《むね》を声明した。安倍元総理の国際的な存在としての大きさを岸田総理自身もまた十分に認識していたことの表れだろう。

岸田政権は、防衛費の増額を含め、安倍政権、菅政権が実現しなかった政策を着々と進めた。日経平均の株価が二〇二三（令和五）年五月から七月にかけて短期間でバブル後の最高値を更新し続けたが、これはアベノミクスが二度の増税と新型コロナ禍によるブレーキを経ながら、ここにきて効果を見せてきた、ということである。

ただし、岸田政権は安倍元総理の、「核の傘」に破れ目ができている可能性があるから確認しろ、という声には応えなかった。非核化をテーマとして掲げた広島サミットは、「歴史的な転換期の中、我々G7首脳は、一九四五年の原子爆弾投下の結果として広島及び長崎の人々が経験したかつてない壊滅と極めて甚大な非人間的な苦難を長崎と共に想起させる広島に集った。粛然として来し方を振り返るこの時において、我々は、核軍縮に特に焦点を当てたこの初のG7首脳文書において、全ての者にとっての安全が損なわれない形での核兵器のない世界の実現に向けた我々のコミットメントを再確認する」と前置きした「核軍縮に関するＧ７首脳広島ビジョン」を発表し、「より安定し、より安全な世界を作るための軍縮・不拡散の取組の重要性を再確認する。核兵器不拡散条約（ＮＰＴ）は、国際的な核不拡散体制の礎石であり、核軍縮及び原子力の平和的利用を追求するための基礎である」という内容を含む首脳宣言を発表し、急遽《きゅうきょ》ウクライナのゼレンスキー大統領を迎えたことによってエポックメーキングなサミットとして幕を閉じた。

広島サミット直前の十三、十四日にＡＮＮ（All Nippon News Network。テレビ朝日をキー局とする民放テレビ局のニュースネットワーク）が行った世論調査の、きわめて興味深い結果がある。広島サミットの焦点のひとつである世界の非核化は、進むと思うか、進まないと思うか、という質問に対して、「非核化は進む」と答えた人は二十二パーセント、「非核化は進まない」と答えた人は六十一パーセントだった。極端に平和主義を主張するメディアというイメージの強いテレビ朝日が行った世論調査であることが重要だ。

半数を強く超す人々が、「非核化は進まない」と考えている。日本人が、安全保障に対して楽観的あるいは無関心に過ぎる、いわゆる「お花畑」の状態から抜け出しつつあることを示してもいる。これは「黙示録」が示す復活と再生ということでもあるだろう。

第一章　荒波の中の第一次安倍政権

左翼系メディアの執拗な攻撃

安倍晋三氏は二〇〇六（平成十八）年九月二十日、第八十七・八十八・八十九代内閣総理大臣を務めた第二十代自由民主党総裁・小泉純一郎氏の任期満了にあたっての総裁選で麻生太郎《あそうたろう》氏、谷垣禎一《たにがきさだかず》氏を破って同党総裁に選出された。同月二十六日の臨時国会で内閣総理大臣の指名を受ける。戦後生まれの日本人初の総理であり、五十二歳、戦後最年少の総理誕生だった。第一次安倍政権のスタートである。

安倍氏は自身の内閣を「美しい国創り内閣」と呼んだ。総理就任の数カ月前に発表した著書『美しい国へ』（文藝春秋）は、そのまま、来るべき安倍政権の意気込みだった。いわゆる「戦後レジームからの脱却」は、この著書で述べられている。

戦後レジームという言葉の意味については公式見解がある。二〇〇七（平成十九）年七月の逢坂誠二《おおさかせいじ》（立憲民主党）衆議院議員の質問に対する内閣答弁書に、戦後レジームとは「憲法を頂点とした、行政システム、教育、経済、雇用、国と地方の関係、外交・安全保障などの基本的枠組み」を意味する、と明記されている。

つまり、安倍氏がテーマとしていたのは憲法改正だった。もっとも自民党が一九五五(昭和三十)年に立党した際の政綱には「六、独立体制の整備」として、「平和主義、民主主義及び基本的人権尊重の原則を堅持しつつ、現行憲法の自主的改正をはかり、また占領諸法制を再検討し、国情に即してこれが改廃を行う」と書かれて憲法改正が党是とされ、「世界の平和と国家の独立及び国民の自由を保護するため、集団安全保障体制の下、国力と国情に相応した自衛軍備を整え、駐留外国軍隊の撤退に備える」と明記されているのだから、当然と言えば当然だろう。戦後レジームからの脱却は、この「六、独立体制の整備」そのものだ。安倍氏は、これ以上はないくらい生粋《きっすい》の自民党員、自民党の政治家だったのである。

そしてこの「戦後レジームからの脱却」が、海外、特にアメリカの左翼系メディアから目の敵《かたき》にされることになる。日本のメディアがそれに倣《なら》ったのは言うまでもない。

歴史修正主義という言葉がある。「Historical Revisionism」の訳語だ。学術的に歴史を見直すというプレーンな意味ももちろんあるが、報道や政治評論をはじめ、海外で一般的に歴史修正主義という言葉が使われた場合にはきわめて悪い意味になる。第二次世界大戦における戦争犯罪および戦争責任の通説を否定あるいは批判する言説、つまり、第二次世界大戦の敗戦国側の立場を擁護する言説に対してHistorical Revisionism、歴史修正主義というレッテルが貼られるのである。

安倍氏の「戦後レジームからの脱却」は、まさに「歴史修正主義」と受け取られた。二〇〇七(平成十九)年四月、安倍氏はジョージ・ブッシュ当時大統領との会談のために訪米するが、同月二十一日の『Newsweek(ニューズウィーク。米国ニューヨークに本社を置く週刊誌)』電子版は、安倍氏をNationalist(ナショナリスト。国粋主義者)として論説する記事を掲載し、次のように安倍氏の姿勢を批判している。

「安倍晋三は保守派の国粋主義者で、繰り返し日本独自の立場を主張しようとしている。しかし、周辺諸国は、日本のそのような主張を受け入れる準備が、心的な部分も含めてできていない」

「安倍晋三は日本の戦争責任を否定する歴史修正主義者である。彼は、平和憲法の改正をめざしている。より攻撃的な外交政策を可能にし、国際社会での発言権を強めるのが目的だ。こうした動きや、慰安婦問題をめぐる言い逃れは、当然のことながら近隣諸国の神経を逆なでしている」

安倍氏訪米の一カ月ほど前には『The Washington Post（ワシントン・ポスト。米首都ワシントンD.C.で発行されている日刊紙）』の三月二十四日付電子版に「Shinzo Abe's Double Talk」というタイトルの社説が載った。「安倍晋三の二枚舌」といったところだろう。次のような内容の社説である。

「日本政府は、数十年前に北朝鮮に拉致《らち》されたとされる日本人十七人に関する情報提供を北朝鮮に求めており、回答があるまでは二国間の関係改善について議論することを拒否している。この方針について安倍晋三首相は、高度に道徳的な問題である、としているが、安倍晋三首相は衰えつつある国内支持を保持するために、十三歳のときに拉致されたとされている少女を含む日本の被害者を利用してきた」

「安倍氏には当然、北朝鮮の行為に文句を言う権利がある。しかし、奇妙でかつ不快でもあるのは、第二次世界大戦中の数万人の女性の拉致、強姦《ごうかん》、性的奴隷《どれい》化に対する日本の責任容認を撤回するというキャンペーンが同氏の下で並行して行われていることだ」

「安倍首相が、拉致された日本国民のために国際的な支援を求めるなら、日本自身の犯罪に対する責任を率直に認め、中傷した被害者に謝罪すべきである」

海外メディアの反応を見て、日本国内では、「戦後レジームからの脱却」を唱える安倍総理は国粋主義者および歴史修正主義者として受け取られており日本にとっては逆効果だ、という空気が全体的に蔓延《まんえん》した。日本にとって重要な日米関係を悪くする方向に導くおそれが多分にある、というのである。日本の左派系メディアは当然、「戦後レジームからの脱却」を戦前回帰ないし軍国主義復活などと意図的に曲解し、国民を脅《おびや》かした。これを第一次安倍政権が短命に終わった要因のひとつとして考えることもできるが、いわゆる安倍ヘイトは、第二次安倍政権においても引き続き、というより、さらに激しく展開することになるのである。

そして、こうしたことの重要なポイントとなったのが、二〇〇七年一月にアメリカの下院に決議案が提出され、同年六月に可決された「従軍慰安婦問題の対日謝罪要求決議」（アメリカ合衆国下院121号決議。通称・対日非難決議）だった。安倍氏は、その審議の最中に訪米したということになる。

アメリカで提起された慰安婦問題

従軍慰安婦問題の対日謝罪要求決議案を米国下院に提出したのは、マイク・ホンダという日系アメリカ人の下院議員である。後にも触れるが、マイク・ホンダ氏は世界抗日戦争史実維護会という中国ロビー団体や在米韓国人ロビー団体からの資金援助で知られる政治家だった。ロビーとは、個人や団体が政治的影響を及ぼすことを目的として政府や国際機関に働きかけを行うことを言う。

誤解のないよう先に申し上げておくと、一連の、いわゆる慰安婦問題の情報源となり政治活動の根拠となった書籍あるいは記事は捏造《ねつぞう》されたものだ、ということは公的に認定されている。発端となった吉田清治《よしだせいじ》氏の著書『私の戦争犯罪』（三一書房、一九八三年）や証言、朝日新聞一九九一（平成三）年八月十一日付の植村隆《うえむらたかし》記者の慰安婦証言スクープ記事、一九九二（平成四）年一月十一日の吉見義明《よしみよしあき》中央大学教授と連携して書かれた日本軍が慰安婦強制連行に関与していたという記事などは、朝日新聞が二〇一四年十二月二十三日付の朝刊に掲載した「記事を訂正、おわびしご説明します　朝日新聞社　慰安婦報道、第三者委報告書」で取消、訂正、分析、謝罪がなされている。朝日新聞でさえ、「吉田清治氏の証言は虚偽だ」と明言しているのである。

歴史や政治に少しでも関心のある日本人であれば、いわゆる従軍慰安婦問題などは史実としてとても付き合いきれない代物だが、朝日新聞の謝罪以降もたびたび政治問題や外交問題として蒸し返される。しかもこの時は、韓国や北朝鮮や中国ではない、アメリカから降って湧《わ》いたように持ち上がった問題だった。二〇〇七（平成十九）年三月十六日、第一次安倍政権は辻元清美《つじもときよみ》衆議院議員（当時・社民党）の質問主意書への答弁書に「『河野談話』を発表した一九九三年八月四日の調査結果の発表までに政府が発見した資料の中には、軍や官憲によるいわゆる強制連行を直接示すような記述も見当たらなかったところである」と明記した。安倍氏はかねてから「強制連行には確実な証拠がない」とメディアその他で発言しており、これがおおむね、北朝鮮の拉致被害者問題で国際協力を求めながら日本自身の犯罪を認めない二枚舌、と受け取られた理由である。

安倍総理は、その後、「旧日本軍の兵士らが女性を連れ去り、売春を行う施設に強制連行したとする説には確実な証拠がない」と発言を補足したが、最初からそういう意味であるのは瞭然だ。安倍総理の発言は常識そのものである。もちろん一国の総理の発言は何であれ最大限に政治利用されるという側面をさておくとしても、一般の日本国民の多くもこの発言に眉《まゆ》をひそめた。先の戦争の歴史および戦争そのものについて安倍氏のようにストレートに常識を言う人間およびその発言に恐怖して思考停止してしまうのは、いかに日本人の多くが、戦後の歴史教育によってつくりあげられたお花畑の中に閉じ込められているかの証拠であろう。

こと慰安婦問題においては、その本質が歴史問題でも歴史認識の問題でもないということが重要だ。根底にあるのは歴史認識の問題だが、歴史学や史実とはおよそ異なった位相で日本に対する攻撃が繰り広げられているところにポイントがある。

二〇〇七年一月の米国下院における従軍慰安婦問題の対日謝罪要求決議案の提出には、反日国際ネットワークによる謀略の側面があった。同種の法案はマイク・ホンダ氏が提出する以前にも、たとえば二〇〇六年、人権派として知られるレイン・エバンズ下院議員（当時）が提案していた。レイン・エバンズ氏はすでに他界しているが、在米韓国系団体の従軍慰安婦対策委員会のソ・オクジャ会長と婚約が噂されるまでの関係だった。

マイク・ホンダ氏は一九四一年生まれの日系三世で、第二次世界大戦中は強制収容所に入っていたと経歴に記されているが、その証拠は確認できない。カリフォルニア州という、中華系住民と韓国系住民が極めて多い選挙区から選出された民主党の議員だった。

当時、産経新聞ワシントン駐在特別編集員を務めていた古森義久《こもりよしひさ》氏が、ホンダ氏においては華僑《かきょう》団体からの政治資金の献金が際立っていることを取材で明らかにしている。二〇〇五年に起きた上海《シャンハイ》、北京《ペキン》の反日暴動の司令塔だったと言われる在米華僑団体「世界抗日戦争史実維護連合会」会長のアイビー・リー氏をはじめ、人民政治協商会議広東省委員会顧問のフレデリック・ホン氏、日本の残虐行為なるものを糾弾《きゅうだん》する「アジア太平洋第二次大戦残虐行為記念会」事務局長のチョフア・チョウ（周筑華）氏、南京《ナンキン》虐殺記念館を米国に開設しようという「中国ホロコースト米国博物館」役員のビクター・シュン氏など、名だたる反日活動家や反日組織から多額の献金を受け取っていた。こうした反日組織が中国共産党と連携していることは間違いなく、ホンダ氏の決議案の背後には中国共産党が存在していたとも言える。

つまり、相手は正しい歴史認識など持ち併せていない、というより、そんなことには初めから関心がないことは自明であり、展開されていたのは情報戦争である。

かつて東京裁判で南京虐殺の決定的な論拠となった書物に『The Japanese Terror in China（支那《シナ》における日本軍の恐怖）』（ハロルド・J・ティンパーリ、一九三八年）がある。この書物の実態は、著者のティンパーリが顧問を務めていた中国国民党国際宣伝処による対外宣伝工作書だった。先の戦争当時の日中関係における、中国から発信された国際宣伝工作のうねりこそがアメリカとイギリスを巻き込んでいった、という事実を私たち日本人は忘れてはならない。

第一次安倍政権は、こうした情報戦争の中で貶《おとし》められていった。

第一次安倍政権を貶めたメディアの情報ロンダリング

二〇〇七（平成十九）年三月十六日の内閣答弁書に明記された「『河野談話』（を発表した1993年8月4日）の調査結果の発表までに政府が発見した資料の中には、軍や官憲によるいわゆる強制連行を直接示すような記述も見当たらなかったところである」という文章の意味はすなわち、河野談話を見直す必要がある、ということである。

河野談話は、一九九三年八月四日に河野洋平《こうのようへい》内閣官房長官（当時）が発表した「慰安婦関係調査結果発表に関する河野内閣官房長官談話」の略称だ。河野談話は「今次調査の結果、長期に、かつ広範な地域にわたって慰安所が設置され、数多くの慰安婦が存在したことが認められた。慰安所は、当時の軍当局の要請により設営されたものであり、慰安所の設置、管理及び慰安婦の移送については、旧日本軍が直接あるいは間接にこれに関与した。慰安婦の募集については、軍の要請を受けた業者が主としてこれに当たったが、その場合も、甘言、強圧による等、本人たちの意思に反して集められた事例が数多くあり、更に、官憲等が直接これに加担したこともあったことが明らかになった。また、慰安所における生活は、強制的な状況の下での痛ましいものであった」としている。

なぜ安倍氏の「河野談話は見直す必要がある」という発言が、米国メディアでヒステリックに批判されたのだろうか。そこに、情報戦争の仕掛けというものが見えてくる。

二〇〇七（平成十九）年三月一日、安倍氏は記者団からの囲み取材で、米国下院の対日非難決議案にどう対応するのか質問され、軍による組織的な女性の強制徴用の証拠はないことを強調し、その点で河野談話には欠陥があることを指摘した。「強制性を証明する証言や裏付けるものはなかった。だからその定義については大きく変わったということを前提に考えなければならない」ということである。

安倍氏は二〇〇六（平成十八）年十月の衆議院予算委員会で河野談話継承を明言しているが、強制性を狭義と広義に分け、狭義の強制性を「家に乗り込んで強引に連れて行った」、広義の強制性を「行きたくないが、結果としてそうなった」と説明したうえで、「狭義の強制性については事実を裏付けるものは出てきていない」と答弁していた。三月一日の囲み取材での返答はほぼ同様の内容であり、歴史的事実に基づく適切なものである。

産経新聞は同年三月二日に《首相、河野談話の見直し示唆「強制性裏付けなし」》という見出しで詳しく事実関係を報じた。時事通信も同年三月一日二十二時三十分付けで、《従軍慰安婦「強制の証拠ない」＝河野談話の見直し否定せず－安倍首相》という見出しの記事を配信した。

ところが米国メディアが一斉に、安倍氏の発言に噛み付いてくる。その様子を共同通信が二日後の三月三日に次のように伝えた。

《河野談話見直し準備と報道　首相発言で米紙

【ワシントン2日共同】２日付の米紙ニューヨーク・タイムズは、従軍慰安婦問題で安倍晋三首相が旧日本軍による強制を示す証拠はないと発言したと伝え、旧日本軍の関与を認めた１９９３年の河野洋平官房長官談話の見直しを準備していることを「これまでで最も明確に」示したと報じた。
2日付のワシントン・ポスト紙も東京発のAP通信の記事を掲載。安倍首相の発言は従来の日本政府の見解と矛盾し、中国、韓国の反発を招くのは確実とした》

つまり、三月一日から三日までの三日間に「うねり」があったのである。メディア情報の流通回路で何らかのバイアスが掛けられ、情報戦争という意味で戦局に大きな変化があった。目的は、安倍氏ならびに日本のマイナスイメージの増幅だ。

まず『The New York Times（ニューヨーク・タイムズ。米国ニューヨークに本社を置く日刊紙）』が三月二日に、私が当時、「反日スプリンクラー」と呼んでいた日系カナダ人のジャーナリスト、ノリミツ・オオニシ氏による《安倍　戦時セックスの日本の記録を拒否》という下品で恣意《しい》的なヘッドラインの記事を掲載した。次のような内容である。

《安倍晋三首相は、日本政府の長年の公的立場に矛盾して、木曜日に、日本軍が第二次世界大戦中、性的奴隷制度に外国人の女性を強制していたことを否定した。安倍氏の声明は、政府が否認する準備をしている、売春宿を設置し［性的な奴隷制度に女性を強制した」ことに直接もしくは間接的に軍の関与を認めた一九九三年の政府声明からは、最も明確に遠いものになった。（略）「強制があったと証明する証拠は全くない。それを支持するものは何もない」、「この宣言に関して、ことが大きく変化したことを留意するべきだ」と安倍氏は報道陣に言った。（以下略）》（［　］囲み・筆者）

三月一日の安倍氏の囲み取材における発言は決して公式な政府声明ではない。また、一九九三年の河野談話もまた「慰安婦関係調査結果発表に関する河野内閣官房長官談話」であって政府声明ではない。しかし、あえてオオニシ氏は政府声明であるかのようにデッチ上げて日本への批判が強まるように仕向けている。「また、オオニシか」で済む情報環境にあるならいいのだが、こうした記事にさらにバイアスがかかって、偏向と捏造が世界中に拡散されるのである。

日本国内で起こされていた情報戦争

この時、日本国内では東京のＡＰ通信が、ノリミツ・オオニシ氏に負けずとも劣らない八面六臂《はちめんろっぴ》の大活躍をしていた。三月一日午後十時三十七分に《日本の安倍：第二次大戦の性奴隷　証明されず》という見出しの長文の記事を配信したのである。「ヒロコ・タブチ」という、日本人と思われる記者の署名が入った記事で、内容は次のようなものであり、中帰連出身者のインタビューを含んでいる。

《金子安次、八十七歳は、彼が第二次世界大戦の日本帝国陸軍の兵士として［支那で強姦した無数の女性］の叫びを憶《おぼ》えている。一部は［軍営の売春宿の性の奴隷］として韓国から［連行された］十代の少女だった。「私達は皇帝の兵士だった。軍の売春宿や村で、［私達は当然のこととして強姦した］」とAP通信の取材に答えた》（［　］囲み・筆者）

中帰連は「中国帰還者連絡会」の略称である。支那戦線で捕虜《ほりょ》になり撫順《ぶじゅん》の収容所で徹底的に中国共産党に洗脳され、日本共産化の先兵として日本へ送還された人たちである。［軍営の売春宿］などといった事実無根を述べており、証言に信憑性《しんぴょうせい》がない。記事は次のように続く。

《［複数の歴史家］は大方このように言っている。1930年代および40年代のアジア中の日本軍の売春宿で、韓国および中国からの［約20万人の女性］が用立てられたと。多くの犠牲者は［日本軍によって誘拐され、強制され性奴隷になった］と言う。官房長官は、1993年に［このような悪事を認めている］のだ。

現在、日本政府の一部は謝罪が必要だったかどうかを問題視している。木曜日（筆者注・三月一日）に安倍晋三総理はアジア中から女性が強制的に軍の売春宿に集められたことを否定した。それは、［右翼政治家］たちの努力によって謝罪の公式な修正を推進するためだ。「事実は、強制があったことを証明するべき証拠がないことだ」と安倍は言った。

注目すべきは、安倍は日本軍が建築業者に売春宿を作る命令書で、［日本軍の強制性について直接的役割があったことを示す日本政府の文書］が発見されたと1992年に［歴史家たち］が言った証拠を否定したことだ》（［ ］囲み・筆者）

［ ］で囲んだ部分はすべてヒロコ・タブチなる人物の作為的な捏造である。

しかし、より問題なのは、ニューヨーク・タイムズ同様、安倍氏の発言が正しく伝えられていないことだ。ノリミツ・オオニシ氏は《「強制があったと証明する証拠は全くない。それを支持するものは何もない」、「この宣言に関して、ことが大きく変化したことを留意するべきだ」と安倍氏は報道陣に言った》と書き、ヒロコ・タブチ氏は《「事実は、強制があったことを証明するべき証拠がないことだ」と安倍は言った》と書いている。ここでは、当時、日本メディアが伝えていた「当初定義されていた強制性を裏付ける証拠がなかったのは事実だ」という言葉と、強制性の「定義が大きく変わったことを前提に考えなければならない」という部分がきれいさっぱり抜け落ちている。

安倍氏にとって重要なのは「定義」という言葉だ。彼らが行ったのは、安倍氏の発言を歪曲《わいきょく》して海外に伝えるための意図的な削除だった。これらの記事は報道ではない。安倍氏のコメントを意図的に歪曲して、残虐な日本軍というイメージを増幅する虚偽の証言や誤った情報で前後の文脈を埋めた、悪質極まりないプロパガンダである。AP配信の記事は世界中のメディアが掲載する。安倍氏と日本の誤ったイメージが、世界中にばら撒《ま》かれた。

他のAP電でも、安倍氏の発言を支持する政治家や歴史家は「Nationalist politicians

and scholars（国家主義者の政治家と学者）」とされていた。強制連行はあったと主張する学者を「歴史家」としている。

ヒロコ・タブチ氏の記事にある［複数の歴史家］とは、前出した吉見義明中大教授のことである。ここでは、複数形にする情報操作まで行われている。

吉見氏が一九九二年に発見した資料「陸支密第七四五号」は、確かに陸軍が慰安という商売に関与したことを示す資料だが、悪質な業者や女衒《ぜげん》に対して強制連行をするな、と指導した文書だった。ヒロコ・タブチ氏はその事実を知らないか、あえて無視している。「陸支密第七四五号」は、反日活動家が主張するところの「慰安婦強制連行」のようなことを行う朝鮮と日本の業者を日本軍が非難かつ禁止し、日本軍の威信を傷つけ、社会的な問題を起こす行為を徹底的に取り締まるぞ、という指令書である。

なお、私は、ヒロコ・タブチ氏のAP電が発信された時間から類推される事実に関して大いに問題を感じている。該当の記事は三月一日午後十時三十七分の配信である。当日の安倍発言の概要を報じるのがせいいっぱいだった時事電と七分しか違わないのに、膨大な文字数の記事が配信された。冒頭に置かれた金子安次氏の取材がいつ行われたのかはともかく、あらかじめ書かれてあった恣意的なインタビューを訴求する予定稿に、餌に食いつく魚のように嬉々として安倍氏のコメントを挿入し、素早く記事にしたものと思われる。

さらに大きな問題は、ヒロコ・タブチとノリミツ・オオニシ両氏が記事に書いた安倍氏の河野談話見直しのコメントは総理官邸のぶら下がりで取材されたものではない、ということだ。ヒロコ・タブチとノリミツ・オオニシ両氏は、二〇〇七（平成十九）年三月一日には総理官邸で取材をしていない。時事電を見て適当にコメントを挿入したか、この二人に総理のコメント内容を伝えたメッセンジャー役の官邸記者がいたかのどちらかだろう。

いずれにしても、このように情報ロンダリングが行われ、日本の国益が一方的に損なわれる報道が日夜発信できるシステムが日本の中枢に存在しているのであり、第一次安倍政権はこれに苦しまされた。二〇〇七（平成十九）年の三月から四月にかけての二カ月は、慰安婦問題で安倍総理と日本を攻撃する報道が世界中で溢《あふ》れ返ることになったのである。

安倍氏の「（強制性の）定義が大きく変わったことを前提に考えなければならない」という言葉は隠蔽《いんぺい》され、日本は一度認めて謝罪したことを撤回する、という単純なネガティブキャンペーンがAP、ニューヨーク・タイムズによって拡散され、ウォール・ストリート・ジャーナルやワシントン・ポストなどの主要紙において日本の歴史歪曲、歴史修正主義者としての安倍氏が報じられることとなった。

国内では朝日新聞が三月十日の朝刊に、次のような扇情的な記事を大きく紙面を割いて掲載した。

《安倍首相の慰安婦問題発言　米国で止まらぬ波紋

米国内で、従軍慰安婦問題をめぐる波紋の広がりが止まらない。ニューヨーク・タイムズ紙など主要紙が相次いで日本政府を批判する社説や記事を掲載しているほか、震源地の米下院でも日本に謝罪を求める決議案に対して支持が広がっているという。こうした状況に米国の知日派の間では危機感が広がっており、安倍政権に何らかの対応を求める声が出ている。

◆広がる波紋

8日付のニューヨーク・タイムズ紙は、1面に「日本の性の奴隷問題、『否定』で古傷が開く」と見出しのついた記事を載せた。中面に続く長いもので、安倍首相の強制性を否定する発言が元従軍慰安婦の怒りを改めてかっている様子を伝えた。同紙は6日にも、安倍発言を批判し、日本の国会に「率直な謝罪と十分な公的補償」を表明するよう求める社説を掲げたばかりだ。

ロサンゼルス・タイムズ紙も6日に「日本はこの恥から逃げることはできない」と題する大学教授の論文を掲載し、翌7日付の社説では「この問題を修復する最も適任は天皇本人だ」と書いた。

今回の慰安婦問題浮上の直接のきっかけとなった米下院外交委員会の決議案をめぐっては、安倍首相が1日「強制性を裏付ける証拠がなかったのは事実」と発言したのを受けて支持が広がっている。

2005年末までホワイトハウスでアジア問題を扱っていたグリーン前国家安全保障会議上級アジア部長は、「先週、何人かの下院議員に働きかけ決議案への反対を取り付けたが、（安倍発言の後）今週になったら全員が賛成に回ってしまった」と語る。米国務省も今週に入り、議員に対し日本の取り組みを説明するのをやめたという。
◆知日派にも危機感
6日に日本から戻ったばかりのキャンベル元国防次官補代理は、「米国内のジャパン・ウオッチャーや日本支持者は落胆するとともに困惑している」と語る。

「日本が（河野談話など）様々な声明を過去に出したことは評価するが、問題は中国や韓国など、日本に批判的な国々の間で、日本の取り組みに対する疑問が出ていることだ」と指摘。「このまま行けば、米国内での日本に対する支持は崩れる」と警告する。

現在日本に滞在中のグリーン氏も「強制されたかどうかは関係ない。日本以外では誰もその点に関心はない。問題は慰安婦たちが悲惨な目に遭ったということであり、永田町の政治家たちは、この基本的な事実を忘れている」と指摘した。

その結果、「日本から被害者に対する思いやりを込めた言葉が全く聞かれない」という問題が生じているという。日米関係にとってこの問題は、「牛肉輸入問題や沖縄の基地問題より危ない」と見ている。

グリーン氏は今後の日本が取るべき対応として（1）米下院で決議が採択されても反論しない（2）河野談話には手を付けない（3）何らかの形で、首相や外相らが被害者に対する理解や思いやりの気持ちを表明する、の3点を挙げた。（以下略）》

朝日新聞は慰安婦問題に火をつけた張本人だが、今件に関しては、その朝日の本社ビルに東京支局を置くニューヨーク・タイムズが起こした炎に油を注いだということになるだろう。その目的はもちろん、第一次安倍政権の弱体化だった。

アメリカが慰安婦問題を騒いだ理由

この時期にアメリカが慰安婦問題を盛んに取り上げた理由は、間違いなく「六者協議」におけるアメリカの立場ということにあったはずである。六者協議は六者会合や六カ国協議とも呼ばれる。日本、アメリカ、中国、ロシア、韓国、北朝鮮の六カ国が、主に北朝鮮の核問題に関して協議する会合で、二〇〇三年八月に第一回が行われ、第一次安倍政権時代の二〇〇七年三月に第六回が行われて以降、二〇二三年現在、中断している。

アメリカと中国の大きな戦略として、朝鮮半島の非核化、そして日本の永遠の非核化がある。拉致被害の情報提供がなされるまでは二国間の関係改善の議論を拒否するという方針は、アメリカと中国にとって障害になる。拉致被害に国際協力を求めながら慰安婦問題を否定する安倍晋三の二枚舌という批判は、つまり、北朝鮮に譲歩しろ、まずは核問題を片付けるのに協力しろ、ということなのだ。

一九七二年、リチャード・ニクソン政権の下で米中共同宣言が出され、事実上、国交が樹立する。一説に、その際、ニクソンと毛沢東《マオ・ツォートン》の間で日本を永遠に非核化すべし、という密約が交わされたという話がある。事実なのかフィクションなのかはさして問題ではないだろう。どちらにしても、日本非核化という目的はアメリカと中国で合致している。二〇〇七年当時すでに北朝鮮の非核化は目処が立たず、一方でこのままの極東情勢では日本の核保有も避けられないのではないか、という認識が留保されながら、アメリカと中国においては、日本の対北朝鮮政策を緩和させるための、拉致被害問題の位置を低下させる武器が必要とされていた。

そこで、マイク・ホンダ氏が提出していた「従軍慰安婦問題の対日謝罪要求決議」案が利用されたという可能性がある。この構造は先の戦争時の構造とまったく同じであり、蒋《チャン・》介石《チェシー》を胡錦濤《フーチンタオ》に、フランクリン・ルーズベルトをブッシュ大統領（当時）あるいはライス国務長官（当時）に簡単に置き換えられる。アメリカが中国を利用して日本をサンドイッチにした、支那事変と大東亜戦争当時の状況と同じ構図になっている。

アメリカにとって東京裁判史観は絶対のものだ。日米同盟が強化されることを願いながらも、日本が本当に自立することは絶対に拒もうという力が、アメリカにおいてはなかば自動的に働くようになっている。戦後レジームからの脱却を政権の一義的な目標に掲げ、国家戦略として位置づける安倍政権は、論理的に、米国と対峙《たいじ》することになる。

アメリカにとって日本の自立は危険なものとなるという認識が、二〇〇三年から開始されていたイラク戦争で疲弊した国内で強まった可能性も考えられる。アメリカが中国と協調しようと考える場合、日本が独自のポテンシャルを持つと厄介なものになるという図式が必然的にあったからだ。

そうした中、安倍氏は戦後レジームからの脱却を志し、来るべき国際関係の世界地図を描いていた。二〇〇七（平成十九）年八月にインド国会で行った、「二つの海の交わり（Confluence of the Two Seas）」と題されて記録されている演説が端的にそれを物語っている。

安倍氏の国際関係観

『安倍晋三 回顧録』に収録されている通り、インド訪問の頃に安倍氏は体調を崩した。

《体調が悪くなったと感じたのは、2007年8月上旬です。8月19日から25日の日程で、インドネシア、インド、マレーシアを訪問し、帰国して2日後の8月27日には内閣改造を行うという非常にタイトなスケジュールになっていました。（改行・筆者）訪問先2か国目のインドに行った頃から体調を大きく崩しました。下痢と胃腸障害が酷く、持病の潰瘍《かいよう》性大腸炎を悪化させてしまった》（八十八頁）とある。

そんな状況の中で八月二十二日にインド国会で行った演説が「二つの海の交わり」である。演説が終了した時、インド国会は熱狂に包まれたという。安倍氏はインドを「世界最大の民主主義国家」と表現した。今も多くのインド人の記憶に強く残っていて、インドではこの演説こそが安倍晋三なのだという。

「二つの海の交わり」は、日米豪印戦略対話（略称・クアッド、Quad）の淵源である。この演説の構想を論文化して、第二次安倍政権発足の翌日、二〇一二（平成二十四）年に国際ＮＰＯの言論機関「プロジェクト・シンジケート」に発表した「Asia's Democratic Security Diamond（アジアの民主的安全保障ダイヤモンド）」に書かれた「自由で開かれたインド太平洋構想」は、アメリカで現在ＦＯＩＰ（Free and Open Indo-Pacific）と称され、トランプ政権および続くバイデン政権もまた国策としている。

「二つの海の交わり」はたいへん重要な演説である。全文の邦訳を掲げておきたい。


《「二つの海の交わり」Confluence of the Two Seas

モハンマド・ハミド・アンサリ上院議長、マンモハン・シン首相、ソームナート・チャタジー下院議長、インド国民を代表する議員の皆様と閣僚、大使、並びにご列席の皆様、初めに私は、いまこの瞬間にも自然の大いなる猛威によって犠牲となり、苦しみに耐えておられる方々、ビハール州を中心とする豪雨によって多大の被害を受けたインドの皆様に、心からなるお見舞いを申し上げたいと思います。

さて、本日私は、世界最大の民主主義国において、国権の最高機関で演説する栄誉に浴しました。これから私は、アジアを代表するもう一つの民主主義国の国民を代表し、日本とインドの未来について思うところを述べたいと思っています。

The different streams, having their sources in different places, all mingle their water in the sea.

インドが生んだ偉大な宗教指導者、スワーミー・ヴィヴェーカーナンダ（Swami Vivekananda）の言葉をもって、本日のスピーチを始めることができますのは、私にとってこのうえない喜びであります。

皆様、私たちは今、歴史的、地理的に、どんな場所に立っているでしょうか。この問いに答えを与えるため、私は1665年、ムガルの王子ダーラー・シコー（Dara Shikoh）が著した書物の題名を借りてみたいと思います。

すなわちそれは、「二つの海の交わり」（Confluence of the Two Seas）が生まれつつある時と、ところにほかなりません。

太平洋とインド洋は、今や自由の海、繁栄の海として、一つのダイナミックな結合をもたらしています。従来の地理的境界を突き破る「拡大アジア」が、明瞭な形を現しつつあります。これを広々と開き、どこまでも透明な海として豊かに育てていく力と、そして責任が、私たち両国にはあるのです。

私は、このことをインド10億の人々に直接伝えようとしてまいりました。だからこそ私はいま、ここ「セントラル・ホール」に立っています。インド国民が選んだ代議員の皆様に、お話ししようとしているのです。

日本とインドの間には、過去に幾度か、お互いを引き合った時期がありました。

ヴィヴェーカーナンダは、岡倉天心《おかくらてんしん》なる人物——この人は近代日本の先覚にして、一種のルネサンス人です——が、知己《ちき》を結んだ人でありました。岡倉は彼に導かれ、その忠実な弟子で有名な女性社会改革家、シスター・ニヴェーディター（Sister Nivedita）とも親交を持ったことが知られています。

明日私は、朝の便でコルカタへ向かいます。ラダビノード・パール（Radhabinod Pal）判事のご子息に、お目にかかることとなるでしょう。極東国際軍事裁判で気高い勇気を示されたパール判事は、たくさんの日本人から今も変わらぬ尊敬を集めているのです。

ベンガル地方から現れ、日本と関わりを結んだ人々は、コルカタの空港が誇らしくも戴《いただ》く名前の持ち主にせよ、ややさかのぼって、永遠の詩人、ラビンドラナート・タゴールにしろ、日本の同時代人と、いずれも魂の深部における交流を持っていました。まったく、近代において日本とインドの知的指導層が結んだ交わりの深さ、豊かさは、我々現代人の想像を超えるものがあります。

にもかかわらず、私はある確信を持って申し上げるのですが、いまインドと日本の間に起きつつある変化とは、真に前例を見ないものです。第一に、日本における今日のインド熱、インドにおける例えば日本語学習意欲の高まりが示しているように、それは一部特定層をはるかに超えた国民同士、大衆相互のものです。

背後にはもちろん、両国経済が関係を深めていくことへの大きな期待があります。その何より雄弁な証拠は、今回の私の訪問に、日本経団連会長（当時）の御手洗冨士夫《みたらいふじお》さん始め、200人ちかい経営者が一緒に来てくれていることです。

第二に、大衆レベルでインドに関心を向けつつある日本人の意識は、いま拡大アジアの現実に追いつこうとしています。利害と価値観を共にする相手として、誰に対しても透明で開かれた、自由と繁栄の海を共に豊かにしていく仲間として、日本はインドを「発見」（The Discovery of India）し直しました。

インドでは、日本に対して同じような認識の変化が起きているでしょうか。万一まだだとしても、今日、この瞬間をもって、それは生じたと、そう申し上げてもよろしいでしょうか？

ここで私は、インドが世界に及ぼした、また及ぼし得る貢献について、私見を述べてみたいと思います。当の皆様に対して言うべき事柄ではないかもしれません。しかし、すぐ後の話に関連してまいります。

インドが世界史に及ぼすことのできる貢献とはまず、その寛容の精神を用いることではないでしょうか。いま一度、1893年シカゴでヴィヴェーカーナンダが述べた意味深い言葉から、結びの部分を引くのをお許しください。彼はこう言っています。

"Help and not Fight", "Assimilation and not Destruction", "Harmony and Peace and not Dissension."

今日の文脈に置き換えてみて、寛容を説いたこれらの言葉は全く古びていないどころか、むしろ一層切実な響きを帯びていることに気づきます。

アショカ王の治世からマハトマ・ガンディーの不服従運動に至るまで、日本人はインドの精神史に、寛容の心が脈々と流れているのを知っています。

私はインドの人々に対し、寛容の精神こそが今世紀の主導理念となるよう、日本人は共に働く準備があることを強く申し上げたいと思います。

私が思うインドの貢献とは第二に、この国において現在進行中の壮大な挑戦そのものであります。

あらゆる統計の示唆するところ、2050年に、インドは世界一の人口を抱える国となるはずです。また国連の予測によれば、2030年までの時期に区切っても、インドでは地方から大小都市へ、2億7000万人にものぼる人口が新たに流れ込みます。

インドの挑戦とは、今日に至る貧困との闘いと、人口動態の変化に象徴的な社会問題の克服とを、あくまで民主主義において成し遂げようとしている、それも、高度経済成長と二つながら達成しようとしているという、まさしくそのことであろうと考えるのです。

一国の舵取りを担う立場にある者として、私は皆様の企図の遠大さと、随伴するであろう困難の大きさとに、言葉を失う思いです。世界は皆様の挑戦を、瞳を凝《こ》らして見つめています。私もまた、と申し添えさせていただきます。

皆様、日本はこのほど貴国と「戦略的グローバル・パートナーシップ」を結び、関係を太く、強くしていくことで意思を一つにいたしました。貴国に対してどんな認識と期待を持ってそのような判断に至ったのか、私はいま私見を申し述べましたが、一端をご理解いただけたことと思います。

このパートナーシップは、自由と民主主義、基本的人権の尊重といった基本的価値と、戦略的利益とを共有する結合です。

日本外交は今、ユーラシア大陸の外延に沿って「自由と繁栄の弧」と呼べる一円ができるよう、随所でいろいろな構想を進めています。日本とインドの戦略的グローバル・パートナーシップとは、まさしくそのような営みにおいて、要《かなめ》をなすものです。日本とインドが結びつくことによって、「拡大アジア」は米国や豪州を巻き込み、太平洋全域にまで及ぶ広大なネットワークへと成長するでしょう。開かれて透明な、ヒトとモノ、資本と知恵が自在に行き来するネットワークです。

ここに自由を、繁栄を追い求めていくことこそは、我々両民主主義国家が担うべき大切な役割だとは言えないでしょうか。

また共に海洋国家であるインドと日本は、シーレーンの安全に死活的利益を託す国です。ここでシーレーンとは、世界経済にとって最も重要な、海上輸送路のことであるのは言うまでもありません。

志を同じくする諸国と力を合わせつつ、これの保全という、私たちに課せられた重責を、これからは共に担っていこうではありませんか。

今後安全保障分野で日本とインドが一緒に何をなすべきか、両国の外交・防衛当局者は共に寄り合って考えるべきでしょう。私はそのことを、マンモハン・シン首相に提案したいと思っています。

ここで、少し脱線をいたします。貴国に対する日本のＯＤＡには、あるライトモティーフがありました。それは、「森」と「水」にほかなりません。

例えばトリプラ州において、グジャラート州で、そしてタミル・ナード州で、森の木を切らなくても生計が成り立つよう、住民の皆様と一緒になって森林を守り、再生するお手伝いをしてまいりました。カルナタカ州でも、地域の人たちと一緒に植林を進め、併せて貧困を克服する手立てになる事業を進めてきました。

それから、母なるガンジスの流れを清めるための、下水道施設の建設と改修、バンガロールの上下水道整備や、ハイデラバードの真ん中にあるフセイン・サーガル湖の浄化──これらは皆、インドの水よ、清くあれと願っての事業です。

ここには日本人の、インドに対する願いが込められています。日本人は、森をいつくしみ、豊富な水を愛する国民です。そして日本人は、皆様インドの人々が、一木一草に命を感じ、万物に霊性を読み取る感受性の持ち主だということも知っています。自然界に畏れを抱く点にかけて、日本人とインド人にはある共通の何かがあると思わないではいられません。

インドの皆様にも、どうか森を育て、生かして欲しい、豊かで、清浄な水の恩恵に、浴せるようであってほしいと、日本の私たちは強く願っています。だからこそ、日本のＯＤＡを通じた協力には、毎年のように、必ず森の保全、水質の改善に役立つ項目が入っているのです。

私は先頃、「美しい星50（Cool Earth 50）」という地球温暖化対策に関わる提案を世に問いました。温室効果ガスの排出量を、現状に比べて50％、２０５０年までに減らそうと提案したものです。

私はここに皆様に呼びかけたいと思います。２０５０年までに、温室効果ガス排出量をいまのレベルから50％減らす」目標に、私はインドと共に取り組みたいと思います。

私が考えますポスト京都議定書の枠組みとは、主な排出国をすべて含み、その意味で、いまの議定書より大きく前進するものでなくてはなりません。各国の事情に配慮の行き届く、柔軟で多様な枠組みとなるべきです。技術の進歩をできるだけ取り込み、環境を守ることと、経済を伸ばすこととが、二律背反にならない仕組みとしなくてはなりません。

インド国民を代表する皆様に、申し上げたいと思います。自然との共生を哲学の根幹に据えてこられたインドの皆様くらい、気候変動との闘いで先頭に立つのにふさわしい国民はありません。

どうか私たちと一緒になって、経済成長と気候変動への闘いを両立させる、難しいがどうしても通っていかなくてはならない道のりを、歩いて行ってはくださいませんでしょうか。無論、エネルギー効率を上げるための技術など、日本としてご提供できるものも少なくないはずであります。

先ほどご紹介しましたとおり、私の今度の旅には、日本を代表する企業の皆様が200人ちかく、一緒に来てくれています。まさに今、この時間帯、インド側のビジネスリーダーとフォーラムを開き、両国関係強化の方策を論じてくださっているはずです。

こうなると、私も、日本とインドとの間で経済連携協定を、それも、世界の模範となるような包括的で質の高い協定を一刻も早く結べるよう、日本側の交渉担当者を励まさなくてはなりません。インドの皆様にも、早く締結できるようご支持を賜りたいと、そう思っております。

両国の貿易額はこれから飛躍的に伸びるでしょう。あと3年で200億ドルの線に達するのはたぶん間違いないところだと思います。

シン首相は、ムンバイとデリー、コルカタの総延長2800キロメートルに及ぶ路線を平均時速100キロの貨物鉄道で結ぶ計画に熱意を示しておいでです。あと2カ月もすると、開発調査の最終報告がまとまります。大変意義のある計画ですから、これに日本として資金の援助ができるよう、積極的に検討しているところです。

そしてもう一つ、貨物鉄道計画を核として、デリーとムンバイを結ぶ産業の大動脈をつくろうとする構想については、日本とインドの間で今いろいろと議論を進めています。とくにこの構想を具体化していくための基金の設立に向けて、インド政府と緊密に協力していきたいと考えています。

今夕、私はシン首相とお目にかかり、日本とインドの関係をこれからどう進めていくか、ロードマップをご相談するつもりです。会談後に、恐らくは発表することができるでありましょう。

この際インド国民の代表であられる皆様に申し上げたいことは、私とシン首相とは、日本とインドの関係こそは「世界で最も可能性を秘めた二国間関係である」と、心から信じているということです。「強いインドは日本の利益であり、強い日本はインドの利益である」という捉え方においても、二人は完全な一致を見ています。

インド洋と太平洋という二つの海が交わり、新しい「拡大アジア」が形をなしつつある今、このほぼ両端に位置する民主主義の両国は、国民各層あらゆるレベルで友情を深めていかねばならないと、私は信じております。

そこで私は、今後5年にわたり、インドから毎年500人の若者を日本へお迎えすることといたしました。日本語を勉強している人、教えてくれている人が、そのうちの100人を占めるでしょう。これは、未来の世代に対する投資にほかなりません。

しかもそれは、日本とインド両国のためはもとよりのこと、新しい「拡大アジア」の未来に対する投資でもあるのです。世界に自由と繁栄を、そしてかのヴィヴェーカーナンダが説いたように異なる者同士の「共生」を、もたらそうとする試みです。

それにしても、インドと日本を結ぶ友情たるや、私には確信めいたものがあるのですが、必ず両国国民の、魂の奥深いところに触れるものとなるに違いありません。

私の祖父・岸信介は、いまからちょうど50年前、日本の総理大臣として初めて貴国を訪問しました。時のネルー首相は数万の民衆を集めた野外集会に岸を連れ出し、「この人が自分の尊敬する国日本から来た首相である」と力強い紹介をしたのだと、私は祖父の膝下《しっか》、聞かされました。敗戦国の指導者として、よほど嬉しかったに違いありません。
また岸は、日本政府として戦後最初のＯＤＡ（政府開発援助）を実施した首相です。まだ貧しかった日本は、名誉にかけてもＯＤＡを出したいと考えました。この時それを受けてくれた国が、貴国、インドでありました。このことも、祖父は忘れておりませんでした。

私は皆様が、日本に原爆が落とされた日、必ず決まって祈りを捧げてくれていることを知っています。それから皆様は、代を継いで、今まで四頭の象を日本の子供たちにお贈りくださっています。

ネルー首相がくださったのは、お嬢さんの名前をつけた「インディラ」という名前の象でした。その後、合計三頭の象を、インド政府は日本の動物園に寄付してくださるのですが、それぞれの名前はどれも忘れがたいものです。

「アーシャ（希望）」、「ダヤー（慈愛）」、そして「スーリヤ（太陽）」というのです。最後のスーリヤがやって来たのは、２００１年の5月でした。日本が不況から脱しようともがき、苦しんでいるその最中、日本の「陽はまた上る」と言ってくれたのです。

これらすべてに対し、私は日本国民になり代わり、お礼を申し上げます。

最後に皆様、インドに来た日本人の多くが必ず目を丸くして驚嘆するのは、なんだかご存知でしょうか。

それは、静と動の対照も鮮やかな「バラタナティアム」や、「カタック・ダンス」といったインドの舞踊です。ダンサーと演奏家の息は、リズムが精妙を極めた頂点で、申し合わせたようにピタリと合う。――複雑な計算式でもあるのだろうかとさえ、思いたがる向きがあるようです。

インドと日本も、そんなふうに絶妙の同調を見せるパートナーでありたいものです。いえ必ずや、なれることでありましょう。

ご清聴ありがとうございました》

二〇二三（令和五）年五月に開催されたG7広島サミットで、ロシアのウクライナ侵攻以降、さらに、インドこそが今後の国際秩序の鍵を握る国だということが誰の目にも明らかになった。「二つの海の交わり」はインドとはどのような国家なのか、日本と歴史的および現在的にどのような関係にある国家なのかが端的に語られている。

官邸主導の官僚人事の実現

第一次安倍政権における安倍氏の就任後、初の外遊先はアメリカではなく中国だった。二〇〇六（平成十八）年十月のことである。胡錦濤国家主席と首脳会談を行い、「戦略的互恵関係」の包括的推進に関して合意した。

戦略的互恵関係とは、外務省のウェブサイトによれば、「日中関係が両国のいずれにとっても最も重要な二国間関係のひとつであり、今や日中両国が、アジア太平洋地域及び世界の平和、安定、発展に対し大きな影響力を有し、厳粛な責任を負っている」関係、「長期にわたる平和及び友好のための協力が日中両国にとって唯一の選択である」関係のことである。

ちなみに、産経新聞は、二〇二三（令和五）年四月十三日付の記事で、同月初めに訪中した林芳正《はやしよしまさ》外務大臣が秦剛《チン・ガン》国務委員兼外相（のち解任）や李克強《リー・クーチアン》首相（当時）、外交担当トップの王毅《ワン・イー》共産党政治局員との会談において「戦略的互恵関係」という言葉を一切出さなかったことを指摘し、《なぜ中国との「戦略的互恵関係」は死んだのか》というタイトルをつけている。

台湾有事がリアリズムをもって危ぶまれる今、中国との戦略的互恵関係については政府の議論を待ちたいが、安倍氏が最初の外遊先として中国を選んだのは、過去五年間、小泉純一郎政権における総理の靖国参拝を機に首脳会談が途絶えていたこと、前年には中国の主要都市で大規模な反日デモが展開され、一九七二（昭和四十七）年の日中国交回復以来、日中関係は最悪の時期にあるとされていたからだ。そうした中、安倍氏が首脳会談に持ち込んだのが「戦略的互恵関係」という言葉だった。

『安倍晋三 回顧録』の中で安倍氏は、「戦略的互恵関係」を発案したのは当時の外務省中国課長、秋葉剛男《あきばたけお》氏だった、と語っている（八十頁）。安倍氏によれば《彼は「チャイナ・スクール」ではなかったのですが、あえて中国課長に据えたんです。チャイナ・スクールは中国の顔色ばかり伺っていましたから》。チャイナ・スクールとは、一般的に親中派、中国語に堪能で日中交流に熱心な人々のことを指す。ここで言うスクール（school）は、「～派」という意味である。

安倍氏は同書の中で《それまで日中関係は、友好至上主義のようで、情緒的だった。しかし、友好は手段であって、目的ではない。友好のために国益を損ねることがあってはならない。関係を改善し、緊密な関係をつくることが両国の利益になる。これが戦略的互恵関係です》と述べている。正論であり、外交の常識だが、重要なのは右記引用の中の《あえて中国課長に据えたんです》という部分である。

安倍氏は第一次政権においてすでに官邸主導の官僚人事を展開していた。それも就任後すぐにである。この時、安倍氏によって外務省中国課長に任命された秋葉氏は二〇二三(令和五)年現在、国家安全保障局長兼内閣特別顧問を務めている。国家安全保障局は、安倍氏が第一次政権ではかなわず第二次政権の時、二〇一三(平成二十五)年十一月に満を持して創設された国家安全保障会議の事務局の役を担う組織である。外交および安全保障に関する政策や国家戦略の司令塔となる国家安全保障会議の創設は安倍氏の念願だった。現在の岸田政権は、組織においても人材においても安倍氏の遺産を享受しているのである。

第一次政権の終焉

アメリカの対日非難決議による安倍バッシング、また、五千万件以上の持ち主不明の年金記録の存在が発覚した年金記録問題などが影響して、二〇〇七（平成十九）年七月の参議院議員通常選挙で自民党は大敗し、連立の公明党の議席をあわせても過半数を下回った。安倍氏は同年九月十二日に辞任を表明し、翌日、慶應義塾大学病院に緊急入院した。

退陣の要因として、相次いだ閣僚の問題発言や不祥事が指摘されることもある。『安倍晋三 回顧録』では、柳澤伯夫《やなぎさわはくお》厚生労働大臣（当時）の「女性は子どもを産む機械」発言が取り上げられ、安倍氏が《柳澤さんの発言は、女性蔑視ではなく、少子化問題を分かりやすく言おうとしたのですよね》とわずかながらの弁護をしている。

柳澤氏はメディアの取材に対して、「人口統計学の話をしていて、イメージを分かりやすくするために子供を産み出す装置という言葉を使った。最後には取り消した」と説明した。

野党およびテレビ、新聞の各メディアは一斉に痛烈な批判を浴びせた。

この柳澤氏が、安倍氏の再登場に一役買っていたことを知る人は多くないだろう。前にも触れた、西部邁氏発案による半蔵門のホテルでの勉強会の開催に尽力してくれたのが柳澤氏だった。このことは、二〇一八（平成三十）年一月に他界した西部氏の追悼として刊行された、私も著者として連名している『西部邁 日本人への警告』(西村幸祐・富岡幸一郎・三浦小太郎、イースト・プレス、二〇一八年) で触れている。私は次のように書いていた。

《そんな勉強会を発案したのは西部さんだったのですけれども、要するに、あんなかたちで、わずか一年間で第一次政権へのさまざまな偏向メディアの攻撃のなかで病気になり、辞任せざるをえなかった安倍晋三というひとりの政治家に対して、なんとか志を引き継いで、健康的にボロボロになっている状態で、励ましの一助を与えようじゃないか、という西部さんの人間的なやさしさから発案されたものでした。

ですから、私も喜んで協力して、実際に勉強会をつくることができた。そういった経緯があって、現在の安倍政権があるということなんです。(筆者注・同書の刊行は二〇一八年)

決して、誰かが言うように、「私が安倍内閣をつくった」とか、そういう言説はまったくのウソであって、そんな状況ではなかった。想いを共有する多くの人がいたからこそ、戦後まれに見る長期政権、現在の安倍政権が続いているわけです。

そうした意味で、直接ご本人からお訊《き》きしていませんが、安倍さんは西部さんの今回自裁《じさい》を、おそらく本当に悲しんでいると想います。自分が失意の時代に、勉強会を企画してくれて、励ましてくれた。この勉強会の開催に尽力してくれたのは、柳澤伯夫さんという厚生労働大臣になった方で、その柳澤さんが受け皿になって勉強会を開催していました。

今度、機会があったら、安倍総理にも、西部さんのことを、そのときの勉強会も含めてお訊きしたいと思っています。そういった背景がありました》

しかし、私のこの質問はついにできないまま、安倍氏は暗殺された。

第二章　アベノミクスの光と影

東京・銀座の焼鳥屋の夜

安倍晋三氏が政権復帰を決心し、自民党総裁選への出馬を公的に声明したのは二〇一二（平成二十四）年八月二十八日のことである。安倍氏はこの日、清和会《せいわ》（清和政策研究会。自民党の派閥のひとつ）の前会長、森喜朗《もりよしろう》氏を訪ねてその旨《むね》を伝えたことになっている。

同月三十一日、すでに出馬の噂があった当時の清和会会長・町村信孝《まちむらのぶたか》氏と石破茂《いしばしげる》氏が、九月二日には自民党幹事長（当時）の石原伸晃《いしはらのぶてる》氏が出馬の意向を示した。正式な出馬表明は町村氏が九月七日、石破氏が九月十日、石原氏が九月十一日、安倍氏が九月十二日。十三日には林芳正氏が出馬表明し、この年の自民党総裁選は五名の立候補者で争われる激戦となった。

新聞やテレビなどのマス・メディアが「石・石対決」などと称していたように、石原氏と石破氏が最有力と見られていた。自民党総裁選は自民党員の投票によって決まるわけだが、九月二十六日の投票結果は、予想通り、地方票では石破氏がトップ、議員票では石原氏がトップだった。

ただし、合計票では、トップは相変わらず石破氏だったものの、安倍氏が二位につけ、議員のみによる決選投票にもつれこんだ。そして、安倍氏百八票、石破氏八十九票で安倍氏が勝利した。奇跡的とされたこの逆転劇は、まさに時代が安倍氏を求めたのだ、と言えると思う。

安倍氏の女房役として知られた菅義偉《すがよしひで》氏の、総理大臣への道のりを描いたノンフィクション『内閣官房長官』（大下英治、エムディエヌコーポレーション、二〇二〇年）は、総裁選出馬における安倍氏の心境について、《安倍自身も迷っていた。第一次政権の退陣の在り方に対する批判を気にしていた》と書いている。

『内閣官房長官』によれば、安倍氏が出馬を決心したのは、八月十五日である。「伝統と創造の会」のメンバーとともに靖国神社に参拝した後、東京・銀座の焼鳥店で菅氏が説得したのだ。

《ふたりとも酒は飲まない。テーブルの料理にもほとんど手をつけなかった。

「次の自民党総裁選には、是非、出馬すべきです。円高・デフレ脱却による日本経済の再生と、東日本大震災からの復興、尖閣や北朝鮮の問題による危機管理といった三つの課題に対応できるのは、安倍さんしかいない。絶対に出るべきです」

（中略）

総裁選のルールを熟知している菅の頭の中では、綿密な計算がされていた。一回目の党員選挙で八割を取られたら負けるが、七割だったら勝機ありと見極めた》

けれども、安倍氏は首を縦に振らない。


《安倍と菅の話し合いは、三時間にも及んでいた。

なにも、菅はこの日ばかり、安倍を口説いていたわけではない。二年ほど前から、「もう一回、総理大臣をやるべきです」と言い続けてきた。この最高の舞台に、安倍を上がらせないわけにはいかない。

菅が長年抱いてきた思いが伝わったのか、安倍は首を縦に振った。

「じゃあ、やりましょう」》

二〇二二（令和四）年九月二十七日の国葬における弔事の中で、菅氏はこの夜のことについて触れている。三時間の説得の末に安倍氏は首を縦に振った。菅氏は、《私はこのことを、菅義偉生涯最大の達成として、いつまでも、誇らしく思うであろうと思います》と述べている。

嫌われ者の安倍総理を象徴したカツカレー

安倍氏は相変わらずマス・メディア、そしてアンチ安倍派のSNSコミュニティで叩かれまくっていた。安倍叩きのネタを重箱の隅をつつくように探しては文句をつける、というアンチ安倍派の姿勢は、その後もまるで変わることはなかったが、当時のその最たるもの、重箱の隅をまさに象徴していたのはカツカレーの騒動だろう。

二〇一二（平成二十四）年九月二十六日の自民党総裁選開票前の決起集会を安倍氏陣営は都内の大手ホテルで行った。総裁選勝利に向け、験《げん》を担いでカツカレーが振る舞われたが、そのカツカレーの値段はなんと三千五百円以上だった、ということを関西のテレビのワイドショーが取り上げ、ネット上で話題になった。総裁選の数日後にはスポーツ新聞が、「庶民感覚が欠如している」といった類《たぐい》のネットの声を紹介して煽《あお》り立てた。

まずもってカツカレーは十分に庶民的であろうことはともかくとして、ならば値段が例えば八百円ならばいいのかということになるのだろうが、金銭的な観点だけから言っても、八百円のカツカレーを食べに安倍陣営が街中に繰り出したらどれだけの警備と整理体制、つまりソーシャル・コストがかかると思っているのか、という話である。

ちなみにカツカレーは、安倍氏が三選を果たした二〇一八（平成三十）年九月の自民党総裁選でもマス・メディアに取り沙汰されている。もっともそのときは、振る舞われたカツカレー三百三十三人前に対して投票数が三百二十九、よって四人が食い逃げした計算になる、というバカバカしい話だった。

ドイツの政治学者カール・シュミット（一八八八〜一九八五）の著作『政治的なものの概念』（一九三二年）に、「政治的なものの本質は味方と敵の区別にある」という内容の言説がある。安倍氏はまさにこれを体現していた政治家だった。「正しい、間違っている」をはっきりと言った。第一次政権時代に歴史認識の問題でアメリカのメディアに叩かれたのもそのためだ。同じ理由で国内においては左派勢力ならびに雰囲気だけの左派、いわゆる市民感覚にあふれるとされる人たちから徹底的に嫌われた。

嫌われ者の安倍氏という印象がメディア上で盛んに増幅される中、安倍氏の奇跡的な復帰は実現した。その理由はまず間違いなく、先の『内閣官房長官』の菅氏の言の通り、「円高・デフレ脱却による日本経済の再生と、東日本大震災からの復興、尖閣や北朝鮮の問題による危機管理といった三つの課題に対応できるのは、安倍さんしかいない」からだろう。時代の要請である。

経済の面だけで言えば、二〇〇八（平成二十）年の自民党・麻生太郎政権時代に瞬間で六千九百九十四円九十銭の日経平均史上最安値を記録し、二〇〇九（平成二十一）年から二〇一二（平成二十四）年までの民主党政権下で概《おおむ》ね九千円台を推移するに留まっていた株価は第二次安倍政権で持ち直し、政権下の最高値としては二〇一八（平成三十）年十月に二万四千七百二十円を記録している。

二〇一一（平成二十三）年から二〇一二（平成二十四）年にかけて八十円を割り込んでいた円高も第二次安倍政権下で二〇一五（平成二十七）年に百二十円台、その後百十円前後という具合に戻っているが、最も評価されるべきなのは失業率の改善だろう。一九九四（平成六）年まで二パーセント台にあった失業率はその後二十年以上の間、三パーセント台、四パーセント台、五パーセント台を行き来するまでに悪化していた。五パーセント台は戦後最悪である。

失業率が二パーセント台に戻ったのは二〇一七（平成二十九）年のことだ。有効求人倍率（求職者一人あたり何件の求人があるかの数値）は、二〇一二（平成二十四）年に〇・八倍だったものが二〇一九（令和元）年、一・六倍へと倍増した。有効求人倍率の統計公表が始まったのは一九六三（昭和三十八）年のことだが、以来、全都道府県において有効求人倍率が一倍を超えたのは初めてのことである。

二〇二三（令和五）年の春から始まった物価上昇はコスト高によるもので、同年時点ではまだまだデフレーションから脱却したとは言えない。しかし、少なくとも二〇二三（令和五年）年四月時点での失業率二・六パーセント、有効求人倍率一・三二倍、その後の株価三万二、三千円台という現実は、明らかに第二次安倍政権の経済政策、通称アベノミクスの、今に続いている効果なのだ。

経済学理論に則った三本の矢とアベノミクス

二〇一二（平成二十四）年十二月十六日の衆議院議員総選挙で定数四百八十議席（当時。二〇一六年の改正公選法で現在は四百六十五議席）の内、自民党が二九四議席を獲得し、公明党との連立で民主党に替わって与党に政権復帰する。同年十二月二十六日に安倍氏は第九十六代内閣総理大臣に就任する。

翌年一月二十八日の国会での所信表明演説で、安倍氏は、《内閣発足に当たって、すべての閣僚に「経済再生」「震災復興」「危機管理」に全力を挙げるよう一斉に指示》したことを強調した。第一次政権の時の「美しい日本」というフレーズは「強い日本」に変わっていた。

アベノミクスの表明は、『安倍晋三 回顧録』にある通り、内閣発足以前、まだ自民党が野党だった二〇一二年十一月十五日の読売国際経済懇話会での講演においてだった（百十一頁）。経済再生のための金融緩和および公共投資の拡大を行い、「日本銀行と協調して物価上昇率を示し、その目的のため、無制限に緩和していく」と表明した。同書で安倍氏も述べているが、アベノミクスという言葉は、マス・メディアが、一九八〇年代にロナルド・レーガン米大統領が採った経済政策がレーガノミクスと呼ばれていたのをもじって、そう呼び始めたものである。

経済再生をまず掲げたのは、第一次政権での経験を踏まえたうえでの、長期政権を睨《にら》んでのことだ。やるべきことは山ほどあった。集団的自衛権を整理して日米の同盟関係をより明確化しなければならず、国内の国家安全保障体制も組織から創設する必要があった。その先には、当然、ついに実現することはなかったが憲法改正、つまり戦後レジームからの脱却があった。

読売新聞紙上のインタビューで、二〇二〇年の施行《しこう》を目指して憲法九条への自衛隊の根拠規定追加を予定する、と述べて話題になったのは二〇一七（平成二十九）年五月のことだ。第九十六条の憲法改正手続の改正については第二次政権発足当時から議論が出ていたものの、憲法に関する大仕事を果たすためには、まずは経済の再生、つまり世論の醸成が必要だった。安倍氏は、二〇二〇年に憲法を改正したところで総理大臣としての役目を終えようと考えていたように思う。

アベノミクスには「三本の矢」が想定されていた。第一の矢が「大胆な金融政策」つまり市場に流通するお金の量を増やすこと、第二の矢が「機動的な財政政策」つまり対策予算を十分に用意して政府の側が需要を創出すること、第三の矢が「民間投資を喚起する成長戦略」つまり、例えば規制緩和などを行って民間事業のポテンシャルを高めること、である。「三本の矢」というフレーズは安倍氏自身の案出だ。第三の矢は未だに宙に浮いたままだが、失業率の低下や有効求人倍率の増加などは明らかに第一の矢および第二の矢が功を奏した結果だった。

アベノミクスは表明当時、マス・メディアから酷評された。その代表的なものが、「アベノミクスを進めれば、近い将来にハイパーインフレ（急激な物価高）が起こる」という論調である。一般的な経済学の教科書によれば、貨幣の流通量が増えると貨幣の価値が下がって物価が上がり、インフレになる。デフレはその反対だ。アベノミクスは大胆な金融政策、つまりジャブジャブお金を増やすと言っているのだから、いずれハイパーインフレになって庶民が苦しむことになる、という理屈である。第二次安倍政権の発足当時は、特にテレビのワイドショーにはそういった言い方をする経済学者や評論家ばかりが呼ばれ、視聴者に対して盛んに脅しをかけていた。知人の経済評論家によれば、アベノミクスはハイパーインフレを呼ぶと言ってくれ、とテレビ局側から要請されることもあったそうである。

『安倍晋三 回顧録』には、経済政策について安倍氏にアドバイスをしていた人物のひとりとして経済学者の浜田《はまだ》宏一《こういち》米エール大学名誉教授・東京大学名誉教授の名前が上がっている。アベノミクスの推進役として黒田《くろだ》東彦《はるひこ》氏が前任の白川方明《しらかわまさあき》氏に替わって日本銀行総裁に就任するのは二〇一三（平成二十五）年三月のことだが、その一カ月ほど前、浜田氏は経済誌『PRESIDENT』（プレジデント社）二〇一三年二月十八日号のインタビューに次のように答えている。

《それ（ハイパーインフレに陥りかねない危険性があるという指摘・筆者注）は、オオカミ少年というか、脅しですね。日銀は自分が金融緩和を演出するのが嫌で、それを少しでもやらないようにするために、ハイパーインフレの脅しをかけているにすぎません。なぜなら、戦後経済を見渡しても2桁のインフレだったのは第1次石油危機後の1974年くらいで、第2次危機後の80年には日銀が1桁の上昇に抑え込んでいます。ハイパーインフレというのは、物価が何千倍とか何万倍になるのを指す言葉で、今の日本で起こることは絶対にないですよ》

《（次期日銀総裁にふさわしい人物は、という質問に対して・筆者注）行政手腕や交渉能力、外交まで含めて、そういうことについて僕は情報が少ないので、現時点で明確なコメントはできません。ただ、学者が総裁になってもいいことがないという人もいますが、逆に学者でない人、つまり（日銀総裁が）経済学を何も理解していなかったら、羅針盤を握っている人がまったく海図を読めない状態になるでしょう。現総裁である白川（方

明）さんの場合は、間違った海図に乗ってしまったということなのです》

安倍氏が、《私が野党の総裁として金融緩和を掲げ、マスコミや経済学者からさんざん批判されていた時に、黒田さんは、私の政策を評価していたのです。国際機関とはいえ、政府側の立場の銀行総裁（当時、黒田氏はアジア開発銀行総裁・筆者注）が、当時、野党だった党首の政策を、ですよ。（中略）しかも、財務省出身ではないですか。だから、財務省も受け入れざるを得ないと思いました》（『安倍晋三 回顧録』百十四頁）と評した黒田氏は、歴代二人目という二期連続の長期総裁職を二〇二三（令和五）年四月に退任し、その後を東京大学名誉教授の経済学者・植田和男《うえだかずお》氏が引き継いだ。日銀ないし財務省出身者が就任するのが慣例となっていた中、経済学者の日銀総裁は戦後初である。

前出の浜田氏は、現在の世界経済の状況を、《21年以降はコロナ禍への対策、22年以後はウクライナ侵攻の対ロシア制裁のため、世界中でインフレが起こり、欧米ではインフレを高い短期金利で制御しようとした。日本の長期国債金利をゼロ近くに固定するような政策のもとでは短期金利も上がらないので、ドル高円安が進んでいく》と分析しながら、植田日銀総裁について、《植田氏は日本経済を不況から救った黒田総裁の基本路線を進むと思われる。そんな植田氏を指名した岸田政権の基本方針は正しい。現在の長短金利操作と、欧米の高金利との間の調整は依然として残る。植田氏は経済理論と計量モデルに精通している。ゆえに、経済メカニズムに忠実でありながら、しかも政策変更の影響を受ける市場関係者のことも考慮しつつ、緩やかに調整していく道を選ぶだろう》(『PRESIDENT』二〇二三年四月十四日号)と述べている。

第三の矢が飛ばない理由

第二次安倍政権は、二〇一五(平成二十七)年九月に「新・三本の矢」というものを打ち出している。新・第一の矢が「希望を生み出す強い経済」、新・第二の矢が「夢をつむぐ子育て支援」、新・第三の矢が「安心につながる社会保障」で、その目標を「一億総活躍社会の実現」としていた。ただし、新・第一の矢の「希望を生み出す強い経済」の中身は「従来の三本の矢の強化」ということだから、アベノミクスが様変わりしたということではない。

そして、新・三本の矢の発表当時にすでに「いつまで道半ばなのか」と批判されていた

「民間投資を喚起する成長戦略」たる第三の矢は未だに実現していない。私は、これは民間サイドの問題、あるいは日本人全体の問題だろうと思っている。

一九九〇年代初頭のバブル崩壊後、デフレに陥った日本経済は民間企業の思考を内向きに変えてしまった。〝デフレ精神〟がしみついてしまい、目立った成長戦略もイノベーションも生み出せずにきているのが今の状況である。

一九八九年から翌年にかけて五次にわたる「日米構造協議」が行われた。アメリカの対日貿易赤字を是正するため行われた協議であり、日本に対する制裁予告も含んでいた。日本は輸出産業を抑えろ、市場を開いてもっと輸入しろ、という要請であり、日本は国際的な経済プラットフォームに従え、つまり、グローバル化しろ、という命令だった。日本はグローバリゼーションのキャッチフレーズのもとに、いわば〝縮小する〟経済を加速させていった。

これは、世界に対して、端的に言えばアメリカに対して気を遣うことだけに専念した「自虐経済」である。そして興味深いことに自虐経済は、時を前後して発生した、安倍氏がカール・シュミットの言う「敵と味方」の判別の材料ともしていた「自虐史観」の問題と流れが一致している。自虐経済と自虐史観は、パラレルにあって両者を補完しあう存在であると言えるだろう。

自虐史観の正体

簡単に言えば、自虐史観とは、戦前の日本は悪い国だった、日本は世界に大変な迷惑をかけた国である、とすることである。歴史を正確に知らないまま、また、学ぶこともしないまま、常識だろうと言わんばかりに「日本は悪い国だった」とする日本人は意外に多い。

なぜこうした風潮となったのかということを語るうえで、まず触れなければならないのが、現在も各学校で使う教科書検定の基準となっている「近隣諸国条項」である。近隣アジア諸国との近現代の歴史事象についての記述においては国際理解や国際協調の見地をもって必要な配慮をしろ、という条項だ。この規定が教科書検定の基準として明記されるようになった発端は、「教科書書き換え誤報事件」だった。

一九八二（昭和五十七）年六月二十六日のことである。新聞全紙、各テレビ局がいっせいに「歴史教科書で書き換え」のニュースを報道した。文部省（当時）が、検定によって、高校の歴史教科書にあった「中国へ侵略」という記述を「中国へ進出」に改めさせた、これは問題である、というニュースだった。これは後に、誤報だった、ということが判明する。検定の前と後で書き換えの事実はなかった。表現は最初から「進出」だったのである。

この誤報が政治ないし外交利用される。中国と韓国が騒ぎ出したのだ。「進出」という言葉使いを問題とし、「日中戦争における日本軍の中国侵略が『進出』それから『進攻』という用語に変えられている」という抗議が中国当局から寄せられた。当時の総理大臣は鈴木善幸《すずきぜんこう》氏で同年九月に訪中を控えていた。強気の外交は時機にそぐわず、内外で話がこじれる中、事態を鎮めるために当時の宮澤喜一《みやざわきいち》官房長官が次のような前置きで始まる談話を発表した。

《日本政府及び日本国民は、過去において、我が国の行為が韓国・中国を含むアジアの国々の国民に多大の苦痛と損害を与えたことを深く自覚し、このようなことを二度と繰り返してはならないとの反省と決意の上に立って平和国家としての道を歩んできた。我が国は、韓国については、昭和四十年の日韓共同コミニュニケの中において「過去の関係は遺憾であって深く反省している」との認識を、中国については日中共同声明において「過去において日本国が戦争を通じて中国国民に重大な損害を与えたことの責任を痛感し、深く反省する」との認識を述べたが、これも前述の我が国の反省と決意を確認したものであり、現在においてもこの認識にはいささかの変化もない》

そして、《韓国、中国等より、こうした点に関する我が国教科書の記述について批判が寄せられている》ことについて次のように対策する、とした。

《今後の教科書検定に際しては、教科用図書検定調査審議会の議を経て検定基準を改め、前記の趣旨が十分実現するよう配慮する。すでに検定の行われたものについては、今後すみやかに同様の趣旨が実現されるよう措置するが、それ迄の間の措置として文部大臣が所見を明らかにして、前記二の趣旨を教育の場において十分反映せしめるものとする》

結局、事件は報道内容の一次情報が検証されないまま、つまり、誰がどんな意図をもってガセネタを流したのか判明しないままに情報ロンダリングされ、同年十一月、新基準の文言が作成された。現在、次のように明文化されている。

義務教育諸学校教科用図書検定基準（平成29年8月10日文部科学省告示第105号）
第3章　教科固有の条件
【各教科】
［社会科（「地図」を除く。）］
（6）近隣のアジア諸国との間の近現代の歴史的事象の扱いに国際理解と国際協調の見地から必要な配慮がされていること。

国際理解および国際協調などというもっともらしい言葉を使いながら、要するに、歴史が正しく記述されているかどうかは二の次にします、日本の歴史は他国によって左右されます、と言っている。これが日本の歴史教育の基本である、ということになっているのだ。

誤報については、産経新聞は自らその事実を認め、「読者にお詫びします」という七段囲みの謝罪記事を掲載し、中国の抗議がいずれも根拠がないことを説明した。一方、朝日新聞は同年九月十九日、中川昇三社会部長名の記事で、次のような内容の声明を発表した。

《ことの本質は、文部省の検定の姿勢や検定全体の流れにあるのではないでしょうか》《侵略ということばをできる限り教科書から消していこう、というのが昭和三十年ごろからの文部省の一貫した姿勢だったといってよいでしょう》

誤報の責任を、文部省の方針に問題があるという方向にすり替えている。「侵略」という言葉を消していこうという方針が文部省にあったかどうかは別の問題だ。問われるべきなのは、事実ではないことを捏造報道してセンセーショナルに焚《た》きつけ、鈴木総理の訪中に合わせた政治圧力で謝罪外交をさせて日本の国益を損失させた、マスコミの責任の取り方である。

今世紀に入った二〇〇一（平成十三）年三月十二日の参議院予算委員会で、当時の森喜朗《もりよしろう》政権下で文部科学大臣を務めていた町村信孝氏が、近隣諸国条項の規定のきっかけとなった書き換え報道は誤報だったことを改めて公的に明言している。ならば、歴史教育という国の根幹に関わる問題を極めて軽視したものとなっている近隣諸国条項は撤廃されてしかるべきだったろう。当時、「新しい歴史教科書をつくる会」や、安倍氏が初代事務局長を務めていた「日本の前途と歴史教育を考える議員の会」など、歴史認識の問題と真摯《しんし》に向き合う組織あるいは運動が立ち上がってはいたが、プロトタイプ化した近隣諸国条項に守られながら相変わらず自虐史観が常識化し続けている、というのが今に至るおおよその流れである。

自虐史観でビジネスするマス・メディア

対外的に、日本の歴史認識については、歴代政権が時機を見て、つまり必要がなければ行わないが、「談話」というかたちで行う声明が国際的に評価されることになっている。村山富市《むらやまとみいち》内閣は一九九五（平成七）年八月十五日、小泉純一郎内閣は二〇〇五（平成十七）年八月十五日に談話を発表しているが、その日付からわかる通り、歴史認識とは一般的・国際的に先の戦争についてどのように考えているか、ということを指す。

安倍氏は、戦後七十年にあたる二〇一五（平成二十七）年、天皇陛下の終戦記念日当日の追悼のおことばに配慮したものと思われるが、前日の八月十四日に、「安倍内閣総理大臣談話」を発表した。安倍氏は、植民地支配や侵略については「日本が行った」という能動的表現を避け、直接の謝罪表現も避けながら、しかし最終的には「歴代内閣の立場は、今後も、揺るぎないものであります」としている。

この「歴代内閣の立場」なるもの、つまり、先の戦争について日本は痛切に反省しておわびを申し上げる、という歴史認識を定型化してしまった談話こそが、先にも触れた、一九九三（平成五）年八月四日に当時内閣官房長官の河野洋平氏が発表した「慰安婦関係調査結果発表に関する河野内閣官房長官談話」、通称・河野談話だった。

河野談話の生成過程には、今ではこれも偽報・捏造だったということが公的に明らかにされているが、マス・メディア、特に朝日新聞の報道による世論誘導があった。ざっと整理すると次のようになる。

まず一九九一年（平成三）年八月、朝日新聞が植村隆記者の「金学順《キム・ハクスン》という慰安婦の証言を得た」とのスクープを掲載した。

《日中戦争や第二次大戦の際、「女子挺身隊《ていしん》」の名で戦場に連行され、日本軍人相手に売春行為を強いられた「朝鮮人従軍慰安婦」のうち、一人がソウル市内に生存していることがわかり、「韓国挺身隊問題対策協議会」（尹貞玉・共同代表、十六団体約三十万人）が聞き取り作業を始めた。

同協議会は十日、女性の話を録音したテープを朝日新聞記者に公開した。テープの中で女性は「思い出すと今でも身の毛がよだつ」と語っている。体験をひた隠しにしてきた彼女らの重い口が、戦後半世紀近くたって、やっと開き始めた。

尹代表らによると、この女性は六十八歳で、ソウル市内に一人で住んでいる。（中略）女性の話によると、中国東北部で生まれ、十七歳の時、だまされて慰安婦にされた。二、三百人の部隊がいる中国南部の慰安所に連れて行かれた。慰安所は民家を使っていた。五人の朝鮮人女性がおり、一人に一室が与えられた。女性は「春子」（仮名）と日本名を付けられた。

一番年上の女性が日本語を話し、将校の相手をしていた。残りの四人が一般の兵士二、三百人を受け持ち、毎日三、四人の相手をさせられたという。「監禁されて、逃げ出したいという思いしかなかった。相手が来ないように思いつづけた」という。また週に一回は軍医の検診があった。数ヶ月働かされたが、逃げることができ、戦後になってソウルへ戻った。結婚したが夫や子供も亡くなり、現在は生活保護を受けながら、暮らしている》

これが韓国の各紙に転載された。それまで影も形もなかった慰安婦問題がにわかにざわめき出したのである。

その後の調査で、植村の妻は韓国人であり、義母が金学順を原告とする訴訟原告団の団長であることが判明した。金学順が所属する「韓国挺身隊問題対策協議会」は、北朝鮮のスパイの関与が囁かれている団体だった。しかも、同記事においては「女子挺身隊」が慰安婦と混同されている。

「女子挺身隊」は戦時下、学徒動員で勤労奉仕した女性たちを指す言葉である。その数は約二十万人で、それが勝手に慰安婦に結びつけられた。よく言われる「二十万人の性奴隷」というのはここから出ているデマゴーグだ。偽りを多分に意図的に利用して損害賠償を起こすのであるからメチャクチャである。

慰安婦問題には、要所要所にこうした工作員および工作行為が登場した。一九九二（平成四）年一月十一日、朝日新聞が、吉見義明中央大学教授が発見した資料に準じて《慰安所 軍関与示す資料》というタイトルの記事を一面トップで報じた。《防衛庁図書館に旧日本軍の通達・日誌》、《部隊に設置指示》、《募集含め統制・監督》、《「民間任せ」政府見解揺らぐ》の見出しが踊っていた。

つまり、「日本軍が慰安婦連行に関与していた証拠が見つかった」ということなのだが、その証拠の資料は、「一部の業者が酷いやり方で慰安婦を集めているから、ちゃんと罰しろ」という命令書だった。「女衒《ぜげん》が人さらいのような真似をして慰安婦を集めているのは皇軍の名誉を汚すことになる。だから是正しろ」と明記してあった。是正せよ、と注意・命令しているのだから軍が関与したことには間違いないだろうが、同記事は、その「軍関与の資料発見」を「軍が強制的に慰安婦を集めた証拠を発見」と読めるようにミスリードしている。

当時、インターネットはまだ普及していなかった。今のようなネット環境が存在していたなら、すべての一次ソースが明かされて、この手の慰安婦キャンペーンは成り立たなかっただろう。ところが、まことに驚くべきことだと思うが当時は検証する機関がなく、翌年、「河野談話」が発表されてしまうのである。

《いわゆる従軍慰安婦問題については、政府は、一昨年12月より、調査を進めて来たが、今般その結果がまとまったので発表することとした。

今次調査の結果、長期に、かつ広範な地域にわたって慰安所が設置され、数多くの慰安婦が存在したことが認められた。慰安所は、当時の軍当局の要請により設営されたものであり、慰安所の設置、管理及び慰安婦の移送については、旧日本軍が直接あるいは間接にこれに関与した。慰安婦の募集については、軍の要請を受けた業者が主としてこれに当たったが、その場合も、甘言、強圧による等、本人たちの意思に反して集められた事例が数多くあり、更に、官憲等が直接これに加担したこともあったことが明らかになった。また、慰安所における生活は、強制的な状況の下での痛ましいものであった。

なお、戦地に移送された慰安婦の出身地については、日本を別とすれば、朝鮮半島が大きな比重を占めていたが、当時の朝鮮半島は我が国の統治下にあり、その募集、移送、管理等も、甘言、強圧による等、総じて本人たちの意思に反して行われた。

いずれにしても、本件は、当時の軍の関与の下に、多数の女性の名誉と尊厳を深く傷つけた問題である。政府は、この機会に、改めて、その出身地のいかんを問わず、いわゆる従軍慰安婦として数多の苦痛を経験され、心身にわたり癒しがたい傷を負われたすべての方々に対し心からお詫びと反省の気持ちを申し上げる。また、そのような気持ちを我が国としてどのように表すかということについては、有識者のご意見なども徴しつつ、今後とも真剣に検討すべきものと考える。

われわれはこのような歴史の真実を回避することなく、むしろこれを歴史の教訓として直視していきたい。われわれは、歴史研究、歴史教育を通じて、このような問題を永く記憶にとどめ、同じ過ちを決して繰り返さないという固い決意を改めて表明する。

なお、本問題については、本邦において訴訟が提起されており、また、国際的にも関心が寄せられており、政府としても、今後とも、民間の研究を含め、十分に関心を払って参りたい》

これが、安倍氏の談話に登場する「歴代内閣の立場は、今後も、揺るぎないものであります」の「歴代内閣の立場」であり、未だにそれは変わらない。河野談話が出されたのは、宮澤談話が出された状況と同じく、当時総理となっていた宮澤喜一氏の訪韓のタイミングだった。盧泰愚《ノ・テウ》大統領（当時）から実態調査を求められてのことである。河野談話を受けて、その後すべての中学の歴史教科書に「従軍慰安婦」という表現が記載されるようになった。「従軍」とは軍に属する、軍の管轄下にあるという意味であり、「従軍慰安婦」という表現は明らかに事実誤認である。

第三の矢と戦後レジームからの脱却の関係

一九八九年十二月、地中海のマルタ島で米ソ間の冷戦終結が宣言された。冷戦はアメリカの勝利に終わったのである。ソ連は崩壊し、世界はアメリカ一強の時代に入る。日米構造協議は、そうした流れに呼応するように行われ、一九九三年、河野談話が出されるひと月前に宮澤喜一総理（当時）とビル・クリントン米大統領（当時）との会談で決まった「日米の新たなパートナーシップのための枠組みに関する共同声明」を根拠として、一九九四年から毎年、年次改革要望書が出されるようになった（二〇〇九年に廃止）。

年次改革要望書は両国からお互いに、問題と思われる相手国の規制や制度に見直しを求める、というものだったが、日本から出された要望が実現した事実はない。基本的には、アメリカからの要望を日本が受け入れる、という一方的で自虐的なものだった。

デフレ精神に侵食されながら打開策の模索の中にあった日本の産業構造は、アメリカの都合のいいように変えられ、自虐の道をひた走った。自虐史観と自虐経済がパラレルに進行してしまった、というのはそういう意味だ。

自らのアイデンティティーならびに自信および誇りが、まず歴史の分野で持てなくなると、経済活動にも影響が出てくるのは時代が証明している通りである。日本は悪い国だと教え込まれれば、積極的な経済活動までが、「それは侵略というものだ」といった表現にからめとられてしまう。私の感じる限り、一九九〇年代から、自虐の空気は醸成され、完成されていったように思う。

東西冷戦の終結は、実は、アメリカの核の傘下にいれば西側社会の一員としてトップクラスの国でいられる、という戦後日本人のアイデンティティーの崩壊を意味していたはずだ。これまでの枠組みが外れたのだから、自らの羅針盤を見つけて航海していかなければならなかったはずである。安倍氏の言う「戦後レジームからの脱却」の必要性はこのときに顕在化したのだ。

それにもかかわらず、日本は相変わらず、ぼーっとアメリカの船にくっついていき続けた。自虐史観と自虐経済は、きわめて深刻な病根なのである。

自虐史観と自虐経済のパラレル進行に大いに関係する事象として、今の経済界は利益ばかりを追求して国益などまるで考えていないように感じられる、ということがある。日本が強かった時代の経済界においては、しっかりとした国家観の持ち主がトップに立っていた。

一九四八（昭和二十三）年に設立された日本経営者団体連盟の初代専務理事を務めた鹿《しか》内信隆《ないのぶたか》氏は一九六〇年代、戦後において左傾化するばかりのメディアを憂えてフジテレビを立ち上げた。一九八〇年代、石川島播磨重工業（現・ＩＨＩ）出身の土光敏夫《どこうとしお》氏は当時の中曽根康弘《なかそねやすひろ》総理とガッチリ組んで行政改革を進めて日本をリードした。今は、端的に言って国を売ることしか考えていないとしか思えない企業人が経済界のスターである。

イノベーションの衰退という点で言えば、二〇〇〇年代初頭から展開されたゆとり教育の弊害で国際比較として学力が落ちているとか、米ハーバード大学やＭＩＴ（米マサチューセッツ工科大学）の留学生の数が中韓に比べても大きく減少してきたことなど、原因は様々にあるだろう。しかしそれも、デフレが常識化してしまった時代性の中で思考が内向きになり、ベクトルがおおよそ縮小へと向かう社会においてはやむを得ない傾向なのだ。

日本はデフレ経済から立ち直り、〝デフレ精神〟から脱却し、ベクトルをポジティブな方向に変え、新たなトレンドを作り出さなければならない。社会が前向きへと変化して活性化すれば、日本の潜在能力からして、新しい成長材料などはいくつも湧き出てくるはずである。

いつの時代でもそれは変わらないけれども、この先ますます、政府の経済政策と企業の戦略がどうマッチングしていくかが成長の鍵となるだろう。ただし、おもしろいことに、過去の産業界を振り返ってみる時、私の知る限り、政府が主導する産業政策は概して経済の実情を知らない官僚の机上の空論に終わり、結局、例えば通産省（現・経産省）に逆らった人たちの戦略が成功してきた。今のホンダ、そしてひと昔前のソニーがそうである。民間の活力には官僚のドラフトを超える力がある。民間のアイデアならびにマーケティングセンスを活かせる政策こそを政府は立案しなければならない。

アベノミクスの第三の矢、つまり民間投資を喚起する成長戦略の停滞は、実は自虐史観が邪魔をしているからこそ生じているのだ。つまり、安倍氏が最終的と言ってもいいほどに大きな目標としていた戦後レジームからの脱却、憲法改正というものがあって初めて効果的に放たれるべき矢なのである。

本田悦朗・元内閣官房参与の証言

二〇二三（令和五）年七月八日、安倍氏の一周忌に全国各地で追悼行事があり、東京芝《しば》増上寺で安倍家の法要が行われた。明治記念館では大規模な追悼集会が行われ、多くの来《らい》賓《ひん》の挨拶があったが、本田悦朗《ほんだえつろう》元内閣官房参与のスピーチに私は注目した。本田氏は元財務官僚で経済学者でもあり、前述の浜田宏一氏とともにアベノミクスを推進した強力なブレーンだった。

本田氏はこう語った。

「安倍総理は、高橋是清《たかはしこれきよ》と同じで、日本経済を救った数少ない総理大臣の一人なんです」

実は安倍総理一周忌のこの日まで、「高橋是清」という歴史的宰相の名前が安倍氏暗殺に関連してメディアで触れられたことがほとんどなかったのが非常に不思議だった。

それは〈アベノミクス〉が、ただの時事的な切り口で捉えられるのではなく、歴史的な、経済学的な、客観的な視点で評価されたことがなかったことを物語っている。しかも高橋是清は暗殺された時は大蔵大臣であったが、安倍氏同様に元総理という肩書きで暗殺されたという共通点がある。総理大臣歴任者で暗殺されたのは、安倍氏が高橋是清以来、八十六年ぶりの出来事だったのである。

つまり、何が言いたいのかと言うと、昨年七月八日の「暗殺事件」以来、安倍氏暗殺が総理経験者で、しかも日本の政治の中心人物として日本だけでなく世界的にも大きな影響力と存在感を示していたという事実が、日本メディアの情報空間からほとんど抜けていたということだ。本田氏のこの日のスピーチ以前に、そんな視点での報道がなかったのは、メディアが意図的に情報操作を行っていたか、高橋是清の存在も知らないほど歴史的に無知だったのか、いずれかであろう。

高橋是清が日本の経済を救ったと本田氏が語ったのは、明治時代の日銀総裁として日露戦争の戦費捻出、大正時代の総理大臣として経済復興、昭和時代の大蔵大臣として世界恐慌からの脱却、という功績を念頭に置いたのだろうが、不幸にして暗殺の凶弾に斃《たお》れたということでも安倍総理と同じなのである。

高橋是清を暗殺した二・二六事件の青年将校と八十六年後の安倍氏暗殺の背後関係に、何か共通の得体の知れないものがあると言いたいのではない。世界史的なパラダイムシフトの中で、世界秩序が大きく変化しようとしている時代という共通点は、誰も否定できないということを強調したい。

月刊「文藝春秋」(二〇二三［令和五］年五月号)は、元大蔵事務次官の齋藤次郎《さいとうじろう》氏の『安倍晋三 回顧録』への批判を掲載した。ところが旧大蔵省きっての優秀な大蔵事務次官と言われる齋藤氏の反論は、あまりに説得力がなく内容に疑問があったので、私は本田氏を取材した。以下は、アベノミクスの提唱者である本田氏の証言である。

齋藤さんは大蔵省時代のトップ官僚だった方なので「財政再建」に囚《とら》われ過ぎています。平成に入ってからの三十年以上のデフレをどう終わらせるかが日本経済にとって最も大切なことです。財務省ができたときから「健全財政」が謳《うた》われ、財務省のレゾンデートルになってしまった。財務省設置法第三条にそう書かれています。ところが一番大切なことが抜けている。それは「豊かな国民生活をつくる」という目標です。それに、健全な財政とは何か？　定説がないんですよ。財務省の誤りは「豊かな国民生活をつくる」という目標を設定せずに、財政破綻《はたん》ばかり言うわけです。健全な財政とは何か、と言えば定説がないのです。

プライマリーバランスが良くなっても経済が収縮してしまったら終わりなんです。平成の最初の頃から同じことを繰り返した結果が今であって、何とかアベノミクスでデフレ脱却を成功させました。岸田政権の今でも、債務残高はあるが、金利より利率が高いので財政は健全化しつつあると言えます。増税は絶対にダメなんです。安倍政権が誕生してから、失業率が大幅に低下して有効求人倍率が続伸しました。つまり「アベノミクス」は成功したんです。

私があのスピーチで高橋是清を持ち出したのは、世界恐慌で国債を大発行して日銀が買い取って、あの世界恐慌を乗り切ったからなんですよ。民間への通貨サプライが全てだった。アメリカはルーズベルトのニューディール政策、欧州では国家社会主義、ナチスの台頭。世界的な危機の中で高橋是清が日本経済を救ったのは否定できない事実なのです。

ここで本田悦朗氏が忌憚《きたん》なく語ってくれたのは、メディアも含めた日本社会の「アベノミクス」無理解への悲嘆である。齋藤次郎氏という大蔵省最後の大物次官のアベノミクス批判はあまりにも図式的なものになっていた。月刊「文藝春秋」が『安倍晋三 回顧録』を批判する目玉の一つと考えたのだろうが、齋藤氏の反論は、かなりちぐはぐなものになってしまった。

なぜ、ちぐはぐになってしまったのだろうか。

《財務省の最も重要な仕事は、国家の経済が破綻しないよう、財政規律を維持することです。『回顧録』のなかで安倍さんは、財務省のことを〈国が滅びても、財政規律が保たれてさえいれば、満足なんです〉とおっしゃっていますが、財政規律が崩壊すれば、国は本当に崩壊してしまいます》と齋藤氏はインタビューに答えるが、異常なデフレを放置すれば、国家はより深刻な崩壊に陥ってしまうはずである。

さらに齋藤氏は、《戦時下の日本では、戦費調達のために軍事国債を大増発、身の丈にあわない軍備拡張を繰り返した挙句、敗戦国となりました》と言う。経済が専門でない私でさえ、ちょっと待てよ、と疑問が湧《わ》いた。これに対し本田氏はこう続けてくれた。

「戦争が始まったから国債を発行したわけです。戦時下で非常時であるという認識をなかなか持てないのでしょうか。もしかすると、『財政規律の大原則』が、とにかく全ての前提になっているんでしょうね」

世界でも例を見ない三十年の超デフレは非常時そのものだ。かつてバブル崩壊後の一九九〇年代に〈失われた十年〉と言われた〈敗戦〉の呼称が、二十一世紀初頭には〈失われた二十年〉になり、ついに今では〈失われた三十年〉の中で私たちは漂流する。

文芸評論家の江藤《えとう》淳《じゅん》が言った〈第二の敗戦〉とは、非常時に他ならない。安倍氏は国家を守るために、現状の日本の経済も安全保障も、非常事態として認識することが可能だったのである。

第三章　安全保障の深刻

知られていない、Shinzo Abeの国際的評価

安倍晋三氏が特に安全保障の分野において、その政策や理論が国際的に高く評価されていることは一般的にはあまり知られていない。当時、まったくと言っていいほど報道されなかったが、安倍氏は、米国のシンクタンク「Boston Global Forum（BGF。ボストン・グローバル・フォーラム）」が主宰する国際賞「World Leader for Peace and Security Award（平和と安全のための世界リーダー賞）」を二〇一五年に、主にサイバーセキュリティ戦略が評価されるかたちで受賞している。同賞の二〇二二年の受賞者はウクライナのウォロディミル・ゼレンスキー大統領とウクライナ国民だ。

ボストン・グローバル・フォーラムは、一九七五年から一九七九年、そして一九八三年から一九九一年、第六十五代と六十七代の米国マサチューセッツ州知事を務めた民主党の政治家マイケル・スタンリー・デュカキス氏らを中心として二〇一二年に創立された非営利のシンクタンクおよび国際公共政策研究グループである。

一九三三年生まれのデュカキス氏は二〇二三年現在もボストン・グローバル・フォーラ

ムのチェアマンを務めている。また、ノースイースタン大学政治学の特別教授およびカリフォルニア大学ロサンゼルス校（ＵＣＬＡ）公共政策大学院の客員教授の肩書きを持つ。

ボストン・グローバル・フォーラムは独立系シンクタンクであり、国連の公式機関や補助機関などではないが、国連と共通する活動内容、つまり紛争予防や平和維持、人権、世界安全保障の面で連携し、政策提言や情報提供を行っている。各国高等教育機関との連携に取り組む国連アカデミックインパクトと協力するかたちで二〇一九年に立ち上げた「国連一〇〇周年イニシアチブ」はその代表的な例だろう。

二〇二三年四月六日、このボストン・グローバル・フォーラムが安倍氏を追悼する国際オンライン会議を開催した。このことを報じたのも産経新聞くらいのものだったが、報じた岡部伸《おかべのぶる》記者は、あらためて月刊誌『Hanada』（飛鳥新社）のウェブ版「Hanadaプラス」に、ボストン・グローバル・フォーラムと安倍氏の関係を大変詳しく書いてくれている（二〇二三年五月八日公開「米シンクタンクが安倍元首相を「日本の歴史上最も偉大な首相、世界のリーダー」と大激賞！」）。

岡部氏によれば、チェアマンのデュカキス氏は当初、安倍氏の世界リーダー賞受賞についてはは渋っていたらしい。デュカキス氏は筋金入りの民主党員であり、「政治的立場が違う」というのだ。

そうした中で安倍氏を推したのが、デュカキス氏ともどもボストン・グローバル・フォーラムの創設者のひとりであるベトナム人事業家のグエン・アン・トゥアン氏だった。トゥアン氏がベトナム人の立場から、安倍氏は「太平洋、とりわけ尖閣《せんかく》諸島を含む東シナ海、南シナ海の平和と安全の維持に重要な役割を果たし、日本はアジアの平和に多大な貢献をしている」と述べたことが決め手となったという。

ボストン・グローバル・フォーラムのウェブサイトでは、現在、安倍氏の功績を継ぎ残すことを目的に「Shinzo Abe Initiative for Peace and Security（平和と安全保障のための安倍晋三イニシアチブ）」という取り組みが活動中だ。また、安倍氏のピアノ演奏などをフィードした追悼サイトもできている。同サイトでの安倍氏の死因の表現は当然、「assassinated」、暗殺である。

そして、これもまたマス・メディアではほとんど報道されなかったが、二〇二三年四月、ボストン・グローバル・フォーラムの世界リーダー賞を、安倍氏に続く二人目の日本人として、高市早苗経済安全保障担当大臣が受賞した。受賞したのは、「The World Leaders in AIWS Award（ＡＩＷＳ世界リーダー賞）」である。ＡＩＷＳは「AI World Society」の略だ。「ＡＩとデータの経済安全保障に専念かつ迅速に行動し、ＡＩアシスタントとChatGPTの規制フレームワークの概念に基づいてＡＩガバナンスの規制フレームワークを作成する必要性の周知に貢献した」というのが授賞理由である。

オフィシャルサイトを見ればわかるが、スローガンに「Remaking the World－Toward an Age of Global Enlightenment（世界を作り直す―グローバルな啓蒙の時代へ）」と掲げるボストン・グローバル・フォーラムの考え方、あるいはイデオロギーについてはもちろん賛否両論があるだろう。それはともかく、問題なのは、二〇一五年の安倍氏、二〇二三年の高市氏という、安全保障に関する国際賞の受賞が、なぜこうも日本のマス・メディアで報道されないのか、ということだ。

安全には大きく二種類ある。私たち一人ひとりの身の周りの安全がまずひとつ。そして、もうひとつ、一般的に安全保障と言った場合には国家、つまり世界の安全を指す。経済学で言う、ミクロ経済（企業や家計ごとの単位で調査・分析する経済）、マクロ経済（一国の経済全体を数値化して調査・分析する経済）の分け方に近い。

安全保障はマクロの世界である。もちろん、ミクロとマクロに重要性の差は無い。ただし、混同すると事態の本質がわからなくなり、有効な判断ができなくなる。

経済についても同様だが、多くの人にはマクロとミクロの概念がない。あるいは混同している。そして、得てしてマクロ的なものごとを、自分とは関係のないもの、もっと言えば、上の方でお偉い人たちが自分たちの利益や保身のために勝手にやっているものとして冷めた目で斜めから見ている。

だから、安倍氏、高市氏の、安全保障における世界リーダー賞の受賞をマス・メディアは無視するのだ。これは、安倍政権を除いて近年の歴代の政権が、安全保障に関する議論が一般に広まるのを忌避《きひ》してきたせいでもある。

身近なものごとは直接に痛いし辛い、あるいは心地好いし楽しいからよくわかりもするし、知りたくもなる。けれども、ロシアがウクライナに武力侵攻し、歴史的に見れば、長過ぎたと言えないこともない第二次世界大戦の戦後というもの、つまり国連なるものを最上位の調整機関としてきた国際秩序が崩壊しつつあり、どのように世界の構図が塗り替えられるかわからない今、どうしても必要になってくるのはマクロの視点である。

安全保障を舐めきっている人々

二〇二三（令和五）年七月八日、暗殺から一年が経った安倍氏の命日には日本の各地で追悼の行事が行われた。その中、暗殺の現場となった奈良県奈良市の大和西大寺駅前付近で行われていた追悼式において、事件の発生時間である午前十一時半頃に設定した黙禱中、暗殺の凶器とされている手製パイプ銃に似せた不審物を頭上に振り上げた男が取り押さえられた。振り上げた不審物は模型のようなもので火器的な殺傷力はなく、男は、追悼行事を妨害したとして軽犯罪法違反の容疑で逮捕された。

人騒がせな馬鹿男、よくあるＳＮＳの炎上作戦か、などといったところで一般的には片付けられてしまいそうな事件だが、この事件において外してはならないポイントは、この不審物男が、安倍氏暗殺犯がやったことはいったい何だったのかということをまったく理解していない、というところにある。

安倍氏は遊説中に暗殺された。暗殺犯は、現職議員の演説を実力行為、つまり暴力で止めたのである。

これは、選挙という投票行為によって選出された国民の代表が主権者たる国民に代わって国家を運営するという、現在の日本の国家プラットフォームであり国際プラットフォームである「民主主義」の否定であり、破壊である。

国家運営の方針ないし方法、体制を変えたければ、国民の代表たる議員政治家を、投票によって変える以外にないのが国際プラットフォームであり、今の国際常識だ。国際法・国内法を問わず、世界のほとんどの法体系はこのプラットフォームを大前提としているから、民主主義を否定すれば現在の世界秩序はたちどころに瓦解して、簡単に言えば、テロリズムと戦争がはびこる。

民主主義は、事実上アメリカが主導しているものの、特に現在日本が加わっている西側陣営と呼ばれる陣営が最も重要視し、国家運営の基本中の基本としているプラットフォームであり、現在の世界が常識としているプラットフォームである。ロシアが、二〇一四年のクリミア併合を地域の住民投票によったのも、二〇二二年にウクライナ侵攻で奪ったウクライナ四州で住民投票を行わせたのも、それが理由だ。

武力侵攻はそもそも国際法違反であるから、ウクライナ問題はもちろん問答無用でロシアに非がある。その一方で、投票に不正があるかないかは別の話として、ロシアは国際プラットフォームに従っていることは従っているのである。

ロシアに限らず国家というものが、このプラットフォームを無視して軍事を含めた政治的行為を行えば、世界は再び混乱に陥る。世界は、少なくとも第一次世界大戦からやり直さなければならないことになる。安倍氏暗殺犯の行為には、まずそうした意味がある。

この国際プラットフォームを無視して、投票によらず、暴力をはじめとする実力行為で国家体制を変えることを革命と言う。つまり、革命によって国家体制が変わるのは、国際プラットフォーム上、つまり世界平和上、大変好ましくない、ということなのだが、実はアメリカは革命の合理性を認めている国でもある。

アメリカは十八世紀後半にイギリスとの間で革命戦争を戦った末に独立して成立した国だから当然と言えば当然だろう。まず、一七七六年七月四日に採択された「独立宣言」には次のように書かれている。


《われわれは、以下の事実を自明のことと信じる。すなわち、すべての人間は生まれながらにして平等であり、その創造主によって、生命、自由、および幸福の追求を含む不可侵の権利を与えられているということ。こうした権利を確保するために、人々の間に政府が樹立され、政府は統治される者の合意に基づいて正当な権力を得る。そして、いかなる形態の政府であれ、政府がこれらの目的に反するようになったときには、人民には政府を改造または廃止し、新たな政府を樹立し、人民の安全と幸福をもたらす可能性が最も高いと思われる原理をその基盤とし、人民の安全と幸福をもたらす可能性が最も高いと思われる形の権力を組織する権利を有するということ、である。もちろん、長年にわたり樹立されている政府を軽々しく一時的な理由で改造すべきではないことは思慮分別が示す通りである》

これは一般的に「抵抗権」と呼ばれている。独立宣言は現在、法的拘束力は持たないが、この抵抗権を反映しているとされている合衆国憲法の条文が、一七九一年に成立した合衆国憲法修正第二条だ。次のように書かれている。

《規律ある民兵は、自由な国家の安全にとって必要であるから、人民が武器を保有し、また携帯する権利は、これを侵してはならない》

これがアメリカ社会においては銃の所有・販売が許可されていることの根拠である。そもそもは民兵組織のための武器所有であり、そして民兵は、軍隊を持つ国家に対して市民が無力となることを防ぐための組織でもある。

つまりアメリカは、独立宣言にある通り、「人民には政府を改造または廃止し、新たな政府を樹立し、人民の安全と幸福をもたらす可能性が最も高いと思われる原理をその基盤とし、人民の安全と幸福をもたらす可能性が最も高いと思われる形の権力を組織する権利を有する」という覚悟の中にいる民主主義国家なのだ。

現行の日本国憲法には右記のような条文は存在しない。「抵抗権」は自然権であって、第十一条に掲げられた基本的人権の尊重において確保されている、という議論もあるが、一般の日本人において革命の準備は法的にも物理的にも不可能に近い。

つまり、現在の国際プラットフォームないし国家体制たる民主主義を実力行為によって否定あるいは破壊しようと思えば、それ相応の覚悟が必要だ、ということだ。今の民主主義体制はあくまでも外から与えられたものであって日本の伝統には合わない、日本には古来の民主主義的な国家体制があるのだからそこに戻ろう、という言説は興味深く、また事実であろうし素晴らしくもある話だが、暢気《のんき》なだけである。

現行の日本の刑法の第二編「罪」の第二章には、「内乱に関する罪」が規定されている。第七十七条に次のように書かれている。

（内乱）

第七十七条　国の統治機構を破壊し、又はその領土において国権を排除して権力を行使し、その他憲法の定める統治の基本秩序を壊乱することを目的として暴動をした者は、内乱の罪とし、次の区別に従って処断する。

一　首謀者は、死刑又は無期禁錮に処する。

二　謀議に参与し、又は群衆を指揮した者は無期又は三年以上の禁錮に処し、その他諸般の職務に従事した者は一年以上十年以下の禁錮に処する。

三　付和随行し、その他単に暴動に参加した者は、三年以下の禁錮に処する。

2　前項の罪の未遂は、罰する。ただし、同項第三号に規定する者については、この限りでない。

安倍氏暗殺、そして岸田氏暗殺未遂は、右記条文の該当を視野に入れて考えられるべき事件である。そして、二〇二三（令和五）年の安倍氏命日における不審物男は、自身がやったことの、事の重大さがわかっていない。不審物男に限らず、安倍氏暗殺犯にシンパシーを覚える、あるいは面白がるという行為には、刑法第七十七条の「三　付和随行し、その他単に暴動に参加した者は、三年以下の禁錮に処する」が常についてまわる。
国家に対する反逆行為については、刑法第八十一条として次の条文があることも知っておかなければならないだろう。

（外患誘致）
第八十一条　外国と通謀して日本国に対し武力を行使させた者は、死刑に処する。

外患誘致の処分は死刑のみである。
また、二〇二三（令和五）年六月十四日に起きた、自衛官候補生が射撃訓練場で現役自衛官を殺害した「陸自射撃場三人死傷事件」と呼ばれている事件も同様の視点で考えられるべきものだ。現在、日本の刑法にも自衛隊法にも規定されていないが、一九四七（昭和二十二）年に廃止された陸軍刑法ならびに海軍刑法には「叛乱《はんらん》ノ罪」として、次の条文があった。

叛亂ノ罪

第二編　罪

第一章　叛亂ノ罪

第二十五條　黨ヲ結ビ兵器ヲ執リ反亂ヲ爲シタル者ハ左ノ區別ニ從テ處斷ス

一　首魁ハ死刑ニ處ス

二　謀議ニ參與シ又ハ群衆ノ指揮ヲ爲シタル者ハ死刑無期若クハ五年以上ノ懲役又ハ禁錮ニ處シ其他諸般ノ職務ニ從事シタル者ハ三年以上ノ有刑ノ懲役又ハ禁錮ニ處ス

三　附和随行シタル者ハ五年以下ノ懲役又ハ禁錮ニ處ス

第二十五条　党を結び兵器を執り叛乱をなした者は、次の区別に従って処分される

一　首謀者は死刑に処す

二　謀議に参与し、または群衆の指揮をなした者は死刑、無期もしくは五年以上の懲役または禁錮に処し、その他諸般の職務に従事した者は三年以上の有期の懲役または禁錮に処す

三　附和随行した者は五年以下の懲役または禁錮に処す

日本陸軍および海軍において内部の反乱が厳しく抑止されていた理由は、軍隊は国家にとってきわめて重要な、国際的に実力行為が認められている安全保障組織だからである。軍隊の動揺は、安全保障の動揺に直結する。

そうした意味と価値は、今は軍隊と呼ばれることなく軍法も用意されていない自衛隊においても変わらない。殺傷された自衛官は、日本の安全保障を直接的に担ってくれる、いわば公共財産だ。

殺害された自衛官は陸曹長であり、陸曹長とは現場で部隊を動かすトップであり、軍事の専門分野の技能をフルに会得《えとく》している自衛官である。嫌な言い方になるが、こうしたトップクラスの自衛官を育成するには、かなりの額の、国民から徴収した税金をはじめとした政府支出、つまり公金がかかりもする。

安倍氏暗殺事件そのものが実にそうだが、二〇二二年から二〇二三年にかけて、国家というものに関する、何処かちぐはぐで不気味な事件が相次いで起きている。

ちぐはぐで不気味な、というその理由は、事件を起こした犯人も、事件を報道するマス・メディアも、報道を消費する一般人も、国家安全保障にとって深刻な事件であるという視点がすっぽり抜け落ちているからである。特にテレビなどの映像系マス・メディアは犯人の出自《しゅつじ》や生活状態、その悲しさ寂しさ、あるいはお決まりの社会が生んだ犯罪などといったところに終始して、コメンテーターなる人々のつかみどころのない話をうろうろと垂れ流し、日本全体をいたずらに憂鬱な気分にさせている。

日本人の多くは安全保障を舐《な》めきっているのだ。戦後の教育によって安全保障を舐めきるようにさせられた、というのが実態だろうけれども、自国のことは自国で責任を持つのは国際常識である。自国の安全保障を毀損《きそん》する者に対しては死刑の処罰のみが待つ法律があることを忘れてはならない。安全保障とはそういうものだ。

本書の帯にも掲げたが、三島由紀夫《みしまゆきお》が一九七〇（昭和四十五）年、自決の四カ月前に産経新聞に寄稿した「このまま行ったら『日本』はなくなってしまうのではないかという感を日ましに深くする。日本はなくなって、その代わりに、無機的な、からっぽな、ニュートラルな、中間色の、富裕な、抜け目がない、或る経済的大国が極東の一角に残るのであろう」という予言は、当時にもまして、そのまま実現の道を辿《たど》っているように思う。

安倍政権は第一次第二次を問わず、いわば三島の予言の実現を食い止めるべく安全保障の準備、整理、効果の検証に真正面から立ち向かった、歴代稀《まれ》に見る政権であった。

TPPと安全保障

二〇二三年七月一六日、TPP（Trans-Pacific Partnership。環太平洋パートナーシップ協定あるいは環太平洋経済連携協定）の閣僚級会合「TPP委員会」がニュージーランドのオークランドで開催され、イギリスの参加が正式に決定した。TPPとは、外務省の説明によれば「高い水準の、野心的で、包括的な、バランスの取れた協定を目指し交渉が進められてきた経済連携協定」である。

TPPに限ったことではないが、経済協定は、輸出入物品・サービスの関税を簡単に言えばなくすこと、各国間における投資行為を自由化すること、知的財産、金融サービス、電子商取引、国有企業の規律といったことを各国間の利益確保を調整したうえで一定のルールをつくることを目的として締結される。

当初、オーストラリア、ブルネイ、カナダ、チリ、日本、マレーシア、メキシコ、ニュージーランド、ペルー、シンガポール、アメリカ、ベトナムの十二カ国で協定締結交渉が進められていたTPPは、二〇一七年にアメリカが離脱したものの十一カ国の合意をもって二〇一八年に正式に発足した。

正式発足時の正式加入手続終了国は日本を含む七カ国で、二〇二一年にペルー、二〇二二年にマレーシアとチリ、二〇二三年にブルネイが手続を完了し、十一カ国体制となったところにイギリスが加入し、ＴＰＰはヨーロッパにもエリアを広げる十二カ国体制となった。イギリスはＴＰＰ発足以来の初の新規加入国ということになる。日本は二〇一七年に手続を完了させている。

ＴＰＰの締結交渉の歴史は二〇〇五年までさかのぼる。そもそもはブルネイ、チリ、ニュージーランド、シンガポールの四カ国によって署名された環太平洋戦略的経済連携協定の拡大計画から始まり、アメリカを含む十二カ国が協定内容の議論と締結交渉を開始したのは二〇〇八年である。

安倍氏はＴＰＰへの参加に積極的だった。当時の自民党議員の半数、そして自民党政治家の重要な票田である農業協同組合がＴＰＰ参加に断固反対していたにもかかわらず、である。

反対陣営が問題にしていたのは、「聖域なき関税撤廃」というフレーズだった。聖域とは、センシティビティと呼ばれる、貿易においては慎重に扱われるべきとされる品目に関する関税のことを指していた。

具体的に言うと、少なくとも米、麦、牛肉・豚肉、乳製品、甘味資源作物（サトウキビなど）の五品目の輸入関税は完全撤廃してはならない、というのが反対陣営の主張だった。海外の、あまりにも安い農産物が関税なしで入ってくれば値崩れが起き、国内の農産業は立ち行かなくなる、日本の食料自給率にかかわることを考えても、国内の農産業は関税によって保護されるべきだ、ということである。

ＴＰＰの正式発足前夜のアメリカの大統領はバラク・オバマだった。オバマもＴＰＰへの参加には積極的だった。任期満了の前年の二〇一六年に、ＴＰＰは世界経済を押し上げる、ＴＰＰによる貿易拡大は最終的に世界中の人々を結びつけて貧困削減につながる、という考えを、「セレクトＵＳＡ投資サミット」と呼ばれる米商務省主催の投資家を対象とした会合の演説で公言している。

『安倍晋三 回顧録』に、ＴＰＰにまつわるたいへん興味深い記述がある。第二次安倍政権発足の翌年、二〇一三年二月に渡米して当時のオバマ米大統領と会談を行った際の話だ（百七頁）。

この渡米にあたってマス・メディアは、安倍氏がオバマに対して、ＴＰＰについてどのような意見表明を行うかというところに焦点を当てていた。聖域についてオバマにどのような話をするのか、アメリカが主張する聖域なき関税撤廃を飲んでしまうのか、ということである。

ところが安倍氏は、オバマ好みの多様性（ダイバーシティ）の話題でまず気を引き、TPPに関する話題の前にまず、集団的自衛権行使の話をした。

オバマとの会談の席で安倍氏は、「外交・安全保障に不安を抱いている国民は、日米同盟を強化したいと思っている。そこで、同盟を強化するため、集団的自衛権の行使に関する憲法解釈を変更する方針だ」と述べ、「米軍普天間《ふてんま》飛行場の名護《なご》市辺野古《へのこ》への移設という約束も必ず守る」とも言った。

当時、この時点で安倍氏は、集団的自衛権の行使容認については、直近の国会答弁で「改めて検討する」と述べるだけに留めている。公明党の党是《とうぜ》に配慮した、と安倍氏は言っているが、オバマとの会談の席では踏み込んだ。これが外交センスというものだろう。

「自衛隊の役割を拡大し、同盟国として相応の負担を担う決意」を示した後で、安倍氏はTPPの件を切り出した。「これまで事務方が熱心に交渉してきたが、大統領に直接お願いしたい」とし、関税撤廃の条件に聖域を設けることができれば日本はTPP交渉に参加できる、最終的な結果は交渉の中で決まっていくということでどうか、とオバマに持ちかけた。

オバマは「自分はそれで差し支えない」、「総理の言葉に同意する」と返答した。安倍氏の意見に対してオバマが発したもうひとつの言葉に「comfortable」があり、『安倍晋三回顧録』は「気にならない」と訳している。

私は、comfortableは、辞書的な意味においても、もっと積極的な意味ではないかと思う。「満足だ」といったような強い意味が適切だろう。

訪米の翌月、安倍氏は記者会見でTPPへの交渉参加を正式に表明した。当時「聖域五品目」と呼ばれ、現在では一般的に「重要五品目」と呼ばれているものの関税については引き続きTPP閣僚会合において交渉が連続して行われており、その交渉結果は逐一、農林水産省のウェブサイトで公開されている。

この話の流れは一見、「聖域についての交渉をアメリカが承知しておいてくれるなら、日本はTPPに参加する、ということをオバマが飲むための手土産として集団的自衛権の行使容認の話を先にもってきた」というように見える。しかし私は、安倍氏の頭の中では、集団的自衛権の行使容認による日米同盟の強化という安全保障の充実とTPPはセットになっていたはずだと思う。

TPPは、当時すでにアジア圏の、特に南シナ海における脅威となっていた中国を経済的に封じ込めるための、安全保障政策の一環として考えられていたはずである。イギリスの新規加入で、今後、さらにその効果は高まるだろう。

ただし、当時の政治状況としては、聖域五品目の条件を盛り込まなければTPPへの交渉参加は国会で通らないし、協定締結の批准《ひじゅん》もできなかった。日本がTPPに参加するにあたって、どうしても必要になる聖域五品目について、オバマの承知の言質《げんち》をとるための説得の組み立てが、日米同盟を強化するために集団的自衛権の行使に関する憲法解釈を変更する、そういう決意があることを承知の上で、聖域が認められるならば、日本はTPPに参加するということを考えていただきたい、という筋立てなのである。安全保障で一貫しているのだ。

オバマ政権当時、TPP参加についてのアメリカの思惑はビジネス一辺倒だった。アメリカのビジネス系ロビーは、オバマの任期が終了する前にTPP発効に向けた作業を終えるようホワイトハウスと議会に圧力をかけていた。オバマは先の投資家向け会合で、「私はアメリカのセールスマンになってもかまわない」とまで発言していた。

そうしたアメリカの思惑はともかく、安倍氏との会談において、オバマは安倍氏が考えている安全保障プランを理解したのだろう。その返答が「comfortable」、満足だ、だったはずである。

バラク・オバマ、米国との関係改善

オバマ政権当時、安倍氏とオバマの関係は決して良好なものとは言えなかった。前政権を担っていた民主党代表（当時）鳩山由紀夫《はとやまゆきお》氏の「基地は国外、最低でも県外」という発言に代表される迷走で日米関係は最悪の状態になっており、オバマは安倍氏にきわめて冷たかった。

民主党でありリベラルを信条とするオバマは、アメリカのメディアから「右翼」や「歴史修正主義者」のレッテルを貼られていた安倍氏を嫌ってもいた。

私は、安倍氏本人から、「オバマはビジネスライクな男だ」と聞いた。良くも悪くも人の気持ちというものに興味のない男だ、という意味だろう。

そういうオバマに対して安倍氏は、拡大しつつある中国の脅威を理解させるために丁寧な対応を続けた。その一環が、二〇一五（平成二十七）年四月二十九日、米連邦議会上下両院合同会議に招かれた際の、キャロル・キングの歌詞を引用した演説である。

この演説を受けてオバマは、「歴史的訪問に感謝する。日米関係がこれほど強固であったことはない」とツイートした。

この頃から安倍氏とオバマの関係は良好になる。シンゾー、バラクとファーストネームで呼び合うようにもなり、二〇一六年五月二十七日のオバマの広島訪問、同年十二月二十七日の安倍氏の真珠湾《しんじゅわん》訪問が実現する。

アメリカの保守派や右派は、オバマの広島訪問に大反対していた。オバマが謝罪の言葉を口にするのを危惧《きぐ》したのだ。

原爆投下についてはアメリカ国内に様々な異論があるものの、第二次世界大戦終戦当時のハリー・トルーマン大統領が語った、「戦争の苦しみを早く終わらせ、何万人ものアメリカの青年たちの命を救うため」に原爆を使用した、という認識が一般常識になっている。

そして、原爆投下に対する国家代表の謝罪は、非戦闘員たる一般市民を大量に殺害したという事実を戦争犯罪として認めることになる。国際法上、戦争犯罪に時効はない。

オバマは、広島で、次のような内容を含む、きわめて長いスピーチを行った。

《科学のおかげで、私たちは海を越えてコミュニケーションしたり、雲の上を飛んだり、病気を治療したり、宇宙を理解したりすることができます。しかし、こうした利点を生むものとまったく同じ発見が、さらに効率的に殺人を行う装置を生む可能性があります。現代の戦争は私たちにこの事実を教えてくれます。広島はこの事実を教えてくれるのです。技術の進歩は私たちを破滅させる可能性があります。原子爆弾を生んだ科学革命においては、道徳的な革命も必要です。

道徳的な革命。それが、私たちがこの場所に来た理由です。私たちは広島の街の真ん中に立ち、爆弾が落ちた瞬間を想像します。混乱する子供たちの恐怖を感じようとします。

私たちは静かな叫び声を聞きます。以前に起こった戦争、その後の戦争、繰り返される悲惨な戦争で殺されたすべての罪のない人々の叫び声です。

単なる言葉では苦しみを伝えることはできません。しかし私たちには、歴史を直視し、苦しみを排除するために何をしなければならないかということを問い続ける共通の責任があります。

残念ながら、いつかは被爆《ひばく》者の方々の証言を直接耳にすることができなくなる日が来るでしょう。しかし、一九四五年八月六日の朝の記憶を決して失ってはなりません。その記憶のおかげで、私たちは自己欺瞞《ぎまん》と戦うことができます。その記憶は私たちの道徳的想像力を刺激し、私たちは変わっていくことができるのです。

運命の日以来、私たちは未来のある選択をしてきました。米国と日本は同盟を築いただけでなく、戦争を経ることで強い友情を勝ち取ってきました。

ヨーロッパ諸国は、戦場を経済復興と民主主義で結ばれた連合に変えました。抑圧されていた人々と国家は解放を勝ち取りました。国際社会は、戦争を回避し、核兵器を制限または放棄し、最終的には廃絶することを目指して機能する制度や条約を設立しました。

それでも、私たちはまだ、国家間の侵略行為、テロと汚職、残虐行為と抑圧を世界中で目にします。これは、私たちの仕事が決して終わっていないことを示しています。人間が悪を行う能力を排除することはできないのでしょう。だからこそ、私たちの国家と同盟は、自分自身を守る手段を持たなければなりません。

我が国アメリカと同様に核を保有する国々がある中、私たちは恐怖の論理から逃れ、核のない世界を追求する勇気を持たなければなりません。私が生きているうちにこの目標を実現することはできないかもしれませんが、粘り強い努力によって大惨事の可能性を後退させることができるはずです》

被爆者は、アメリカの現職大統領が原爆投下の事実と向き合うよう求め続けてきた。謝罪の言葉こそなかったものの、オバマの広島訪問は、その長年の願いに応える歴史的なものだったと言えるだろう。

安倍氏の真珠湾訪問もまた、日本の現職総理の訪問という点で歴史的な出来事だった。この一連の両国首脳の訪問劇は、安倍政権の、現在の日本の安全保障の要《かなめ》である日米同盟の立て直しあるいは深化への尽力を象徴している。

暗殺事件の直後、バラク・オバマは次のような言葉で安倍氏を追悼した。

《安倍元首相は、自らが仕えた国と、日米間の並外れた同盟の両方に献身的に尽くされました。日米同盟を強化するために行った活動、広島と真珠湾を一緒に訪問した感動的な経験、そして昭恵夫人が私とミシェルに示してくださった優しさを、私はずっと覚え

ています》

内閣法制局長官交代にみる安全保障観

内閣法制局という組織はきわめて不思議な組織である。簡単に言えば、国会に提出されるべき法律案が憲法に違反していないかどうかを調査して内閣に報告する、というのが内閣法制局の仕事だが、実態として、内閣法制局が、「これは憲法違反に抵触します」と言えば、その法律案ないし閣議決定は通らないことになっている。

事実上、立法府の上に存在するのが内閣法制局だ。組織におけるガバナンスや所属している官僚の保身などの事情で暴れたことはもちろんしないが、これはきわめて奇妙である。選挙で選ばれたわけではない官僚が、立法という国家運営の場面で、選挙で選ばれた国民の代表である国会議員の上に立っている。

極論すれば、法案を通すも通さないも憲法解釈を使えば内閣法制局の胸先三寸だ、という状況がある。安倍氏の国葬を実施するにあたって、記者会見で岸田総理が、「内閣法制局としっかり調整した」と述べたことは記憶に新しいだろう。

そうした不思議な力を持つ内閣法制局において、最終決定の全権を握っているのが内閣法制局長官という役職である。内閣法制局のトップだ。

内閣法制局長官は代々、この組織のナンバーツーである内閣法制次長が引き継ぐかたちになっていた。その慣例を、第二次安倍政権は変えた。

二〇一三（平成二十五）年八月、安倍政権は小松一郎《こまついちろう》氏を内閣法制局長官に充てた。小松氏は内閣法制局での在籍経験を持たない。前職は駐フランス特命全権大使であり、外交官のエリートだ。

『安倍晋三 回顧録』で、この画期的な人事の顚末《てんまつ》を安倍氏が次のように述べている（百十五頁）。

《前任の山本庸幸《やまもとつねゆき》法制局長官とは、憲法解釈を変更して集団的自衛権の行使を可能にする話を随分としたのです。でも、堅かった。集団的自衛権は国連憲章第51条で加盟国に認められています。日本も国連加盟国ですから、「国際法上、日本にも権利がある」と私が言っても、山本さんは、「憲法上認められません」と主張を変えず、ずっとすれ違いでした。ならば代わってもらうしかないと思いました》

集団的自衛権の行使容認について安倍氏には、遅くとも二〇〇五（平成十七）年、小泉純一郎政権で内閣官房副長官を務めていた頃には、すでに実現させる意志があった。任期最後の一年で行使容認をやりましょう、と言ったところ、小泉総理（当時）は、「君の時にやれよ」と言ったという。

当時から安倍氏は官邸の官房長室に、その時には外務省国際法局長を務めていた小松氏と外交評論家の岡崎久彦《おかざきひさひこ》氏を呼んで勉強会を重ねていたという。安倍氏と小松氏は、小松氏が内閣法制局長官に就任した時点で、十年来の、安全保障観において同じベクトルを持つ同志あるいは朋友だったということになる。

『安倍晋三 回顧録』のこの小松人事に関する項目には、安倍氏の官僚観がはっきりとわかる部分がある。安倍氏はこう言っている。

《内閣法制局といっても、政府の一部ですから、首相が人事を決めるのは当たり前ではないですか。ところが、内閣法制局には、長官を辞めた歴代長官ＯＢと現在の長官が集まる参与会という会合があるのです。この組織が、法制局では絶対的な権力を持っているのだそうです。そこで、法制局の人事や法解釈が決まる。これは変でしょう。国滅びて法制局残る、では困るんですよ。第一次内閣の時も、法制局は私の考えと全く違うことを言う。従前の憲法解釈を一切変える気がないのです。槍が降ろうが、国が侵略されて1万人が亡くなろうが、私たちは関係ありません、という机上の理論なのです。でも、政府には国民の生命と財産に対して責任がある。法制局は、そういう責任を全く分かっていなかった。阪田《さかた》雅裕《まさひろ》法制局長官（二〇〇四年〜二〇〇六年に在任。筆者・注）は、集団的自衛権の行使を容認するならば憲法を改正すべきだ、と言っていましたが、憲法改正の方がはるかにハードルが高いでしょう。

北朝鮮の金正恩《キム・ジョンウン》国務委員会委員長が、核のボタンに手をかける可能性がゼロだとは言えない。1か月後かもしれないし、1年後かもしれない。それを躊躇させなければいけないのが、政治の責任です。でも、そんなことは憲法解釈とは関係ありません、というのが法制局の姿勢だったのです。だから、これは堂々と人事で示した方がいいと思いました》（百十六〜百十七頁）

集団的自衛権の行使容認が閣議決定されたのは二〇一四（平成二十六）年七月一日のこ

とだが、その直前の六月二十三日、小松氏はがんで他界した。同年一月に末期がんが発覚して五月に体調不良を理由に内閣法制局長官を辞任し、内閣官房参与の立場に就いていた中での死去だった。

病気発覚後、安倍氏から進退について尋ねられた小松氏は、「残りの人生をかけて責任を全うさせてくれ」と言ったという。一時休養のかたちをとっていた小松氏は、二月には公務復帰していた。

安倍氏は小松氏について、《（集団的自衛権の行使容認の閣議決定は、筆者・注）小松さんの存在抜きには、実現できなかったと思いますよ。奥様から「本人は、ここまで素晴らしい仕事ができて悔いはない、と言っていた」という話を伺いました。命を懸けて仕事をしていただいたと思っています》と述べている（百十七頁）。

集団的自衛権の行使容認に目処《めど》が付き、いよいよ具体的に平和安全法制の整備に向かうことになる。そして、集団的自衛権の行使容認の閣議決定と並列するかたちで、もうひとつ、どうしても法制化しておかなければならない事案があった。特定秘密保護法案の法制化である。

情報収集のための特定秘密保護法

特定秘密保護法とは、日本の安全保障に関わる情報の中でも特に秘匿《ひとく》する必要のあるものを「特定秘密」に指定し、特定秘密を取り扱う者は必ず適正評価されなければならないこと、特定秘密を漏洩《ろうえい》した場合の罰則の詳細を定めた法律である。

安倍内閣は二〇一三（平成二十五）年十月に閣議決定して国会に法案を提出し、同年十二月に成立・公布、翌年二〇一四（平成二十六）年十二月から施行《しこう》されている。

特定秘密は大きく四つのフェーズに分類される。防衛つまり自衛隊に関する秘密情報、外交に関する秘密情報、特定有害活動（たとえばスパイ活動）を防止するにあたっての秘密情報、テロリズムを防止するにあたっての秘密情報、の四つだ。

特定秘密保護法は、いわゆる人権左派などと呼ばれる勢力から、国民の知る権利が毀損《きそん》される、取材活動が制限されて報道の自由が毀損される、と非難された。

フリージャーナリストや編集者など四十二人が原告となって国を相手に特定秘密保護法の無効と損害賠償を求める訴訟を東京地裁において起こしたことがあるが、取材活動は、制約されていない、原告の利益は侵害されていないとして、東京地裁は原告側を敗訴とした。

特定秘密保護法の無効については、具体的な被害がないから審議するに当たらない、という事由で却下された。

具体的な被害がないから審議するに当たらない、という状態は現在も続いている。未だかつて特定秘密保護法によって告訴ないし処罰された報道機関およびそれに関係する個人は存在しない。特定秘密保護法の第二十二条に「この法律の解釈適用」として次のように書かれているのだから当然だ。

（この法律の解釈適用）

第二十二条　この法律の適用に当たっては、これを拡張して解釈して、国民の基本的人権を不当に侵害するようなことがあってはならず、国民の知る権利の保障に資する報道又は取材の自由に十分に配慮しなければならない。

2　出版又は報道の業務に従事する者の取材行為については、専ら公益を図る目的を有し、かつ、法令違反又は著しく不当な方法によるものと認められない限りは、これを正当な業務による行為とするものとする。

報道関係者は今まで通り活動すればいいだけである。問題があれば、右記の条文をもって訴訟を起こせばよい。一方、特定秘密保護法の施行以降、この法律違反に触れるとして訴訟された報道関係者が存在しないのは、日本のマス・メディアレベルのジャーナリズムはその程度だ、という話でもある。

特定秘密保護法は、報道関係者の活動を制限するなどといったことに興味はない。特定秘密保護法は、民主主義国家陣営、特に西側陣営の国々なら知っていて当然の安全保障に関する情報を日本もちゃんと入手できるようにするための法律である。

日本の安全保障には、アメリカをはじめとする民主主義国家間の情報交換の連携を強めなければ保障を強化できないという課題があった。つまり情報交換の連携ということにおいて、日本は信頼できない国として相手にされていなかったのである。

日本に機密情報を提供すると簡単に漏れてしまう可能性があった。なぜなら、機密情報の取り扱い者が情報を漏らしても、それを俊敏かつ的確に取り締まる法律がなかったからだ。

『安倍晋三 回顧録』で、安倍氏は次のように語っている（百二十一頁）。

《安全保障のための情報をしっかり収集するためには、海外から入手する機密情報を、日本が守っていることが前提でなければならない。一口に防衛秘密と言っても、武器の性能や画像などいろいろあるのです。ところが、何が特定秘密に当たるか、体系的になっていなかったのですね。それに、罰則も、国家公務員法で懲役1年以下だったり、自衛隊法で5年以下だったりと、整合性がとれていなかった。だから、最長で懲役10年、諸外国と同じ水準に合わせただけなのです。秘密を守るレベルを上げて、初めて海外から情報が入ってくる。で、実際に格段に情報収集できるようになりましたから》

特定秘密保護法の最大のメリットは、諸外国との情報協力が進めやすくなったことにある。同法律によって、相手国は、以前よりはるかに安心して日本に情報を提供できるようになった。

これは当然、軍事的な連携にも関連する。特定秘密保護法と集団的自衛権の行使容認に基づく平和安全法制はセットなのだ。

もはや安倍氏の手で実現することはなくなってしまったが、将来必ず必要になる状況、つまり特定秘密保護法はスパイ防止法へ、集団的自衛権の行使容認に基づく平和安全法制は憲法九条の改正へと深化されていくべきものだった。

「ファイブアイズ（Five eyes）」という機密情報共有の枠組みがある。一九四六年にアメリカとイギリスが立ち上げ、一九五〇年代にカナダ、オーストラリア、ニュージーランドが加わって、ファイブアイズつまり「五つの目」となった。

ファイブアイズは英連邦にアメリカが加わっているという西側最強とも言える布陣で、仮想敵国の潜水艦や艦船、軍用機の無線通信を傍受した軍事秘密情報を収集して共有しているとされている。ファイブアイズは、その存在については公式に表明されていなかったが、発足から六十年以上を経た二〇一〇年に関連文書が公開されて活動の一端が世界に知らされた。

中国および北朝鮮という非民主主義国家に隣接し、まるで幕末から戦時中の歴史に戻ってしまったかのように北方に改めてロシアの脅威が生じている現在、ファイブアイズに日本が連携できる可能性の意義は大きい。

もちろん、現行政府は着々とその手はずを整えている。二〇二二（令和四）年四月には岸田総理が来日中のニュージーランドのジャシンダ・アーダーン首相（当時）と会談し、情報提供協定の締結交渉の開始を確認した。同年十月には林芳正外相がこれも来日中のカナダのメラニー・ジョリー外相と会談し、情報提供協定の締結交渉の開始を確認している。

しかし、対カナダ、対ニュージーランドといった二国間での協定は、岸田総理が北朝鮮の瀬取り（洋上で船舶間の物資を積替える国際法違反行為）阻止のためにニュージーランドとの間での提携を確認したように、部分的各論的には可能かもしれないが、ファイブアイズの枠組みに参加することは、ほぼ不可能である。なぜなら、機密情報保護に関する法律が、現行の特定秘密保護法ではまったく不十分であり、ファイブアイズ各国の了解が取れないからだ。

世界標準の集団安全保障体制を適切に機能させる、つまり日本が使いこなすには、スパイ行為の防止と交戦力の保持が必須である。つまり、スパイ防止法と憲法改正が必要であるということだが、その前段階として、安倍政権が特定秘密保護法と、限定的ではあるものの平和安全法制による集団的自衛権の行使を用意したことはやはり大いに評価されてしかるべきだ。

世界標準と比較すれば緩い部分の多い特定秘密保護法ではあっても、この法律が施行されているおかげで、二〇二二年の十二月、イギリスとイタリアとともに次期主力戦闘機F—Xを共同開発することが決定されたのだ。イギリスとイタリアの安全保障関連およびハイテク関連の従事者が日本を信用するに至ったのは特定秘密保護法が施行されているからである。TPPにイギリスが正式加入したことを考えれば、将来的には日英同盟の枠組みさえ見えてくる。

また、安倍氏を追悼する『ワシントン・ポスト』の社説にも『TIME』の特集にも共通して書かれていたのは、特定秘密保護法と平和安全法制の実現によって、安倍氏は日本をアメリカの真の同志にした、ということだった。

特定秘密保護法にしても平和安全法制にしても、日本国内において未だにその中身がよく理解されず、その効果は未だに正しく評価されていないように思う。

日本維新の会（当時）の招致で、私は、二〇一三（平成二十五）年十一月十九日、特定秘密保護法の成立が国会で審議されている最中に、衆議院の「国家安全保障に関する特別委員会」に参考人として出席した。

当時はみんなの党、現在は自民党の衆議院議員・井出庸生《いでようせい》氏の「なぜ今この法案がまだ国民の理解を得られる状況に至っていないとお考えか、そこにどう説明をされるのか」という質疑に対して私は次のように応答している。

「例えばテレビの討論会にしても、大体出てくるのは、討論会ではなくてもニュース番組にしても、反対派の人しか話しません。それで、何と言っているか。これは治安維持法の復活ですよ、国民の知る権利が、メディアの知る権利が侵害されるんだ、それだけですよね、言っているのは。それだけ聞かされれば、しかも根拠なしにそういうことを聞かされていれば、自然にそういうように思う方がふえるということは仕方がないのではないかなと思いますね。

ですから、問題なのは、この法案の中身をきちんと説明することだと思いますし、なぜ今必要とされているのかという先生の御質問にお答えすれば、それはまさに今、日本は本当に、先ほど申し上げたように、独立した、自立した主権国家として、独立国家としてやっと歩んでいけるんじゃないのかな、そういう時期に来ているからこそ必要とされるのではないかと私は考えております」

法案の国民への説明と説得はもちろん政治家の使命であり、義務でもあるだろう。一方、少しでも疑問を持つ法案であるならば、少なくとも法案を読んでから批判なり改めて同意するなりするのが主権者たる国民の真摯な態度というものだろう。

『安倍晋三 回顧録』の中で安倍氏は、こともなげに、《特定秘密保護法が治安維持法と全く関係なく、無意味な批判だったことは、その後の日本の状況を見れば分かるでしょう》（百二十一頁）と言っている。これは、安全保障に真面目に向き合わない、とてもではないが常識的とは言えない人々あるいは組織に対する、かなり強烈なクレームだ。

三十年に一度の重要法、平和安全法制

一般的に「平和安全法制」と呼ばれる二〇一五（平成二十七）年九月三十日に公布された法律は、「我が国及び国際社会の平和及び安全の確保に資するための自衛隊法等の一部を改正する法律（通称・平和安全法制整備法）」と「国際平和共同対処事態に際して我が国が実施する諸外国の軍隊等に対する協力支援活動等に関する法律（通称・国際平和支援法）」の二法からなる法律である。集団的自衛権の行使容認の閣議決定を前提としている。

平和安全法制の目的ないし運用効果について外務省は、「国連ＰＫＯや、その他の国際

的な平和協力活動へのより幅広い参加が可能になる」、「我が国の平和及び安全に重要な影響を与える事態や、国際社会の平和及び安全を脅かす事態において、他国軍隊に対する支援活動が可能になる」とし、運用の条件を「我が国による武力の行使が容認されるのは、新三要件という厳格な要件が満たされる場合に限られる」としている。

同法運用の条件である新三要件とは、「(一) 我が国に対する武力攻撃が発生したこと、又は我が国と密接な関係にある他国に対する武力攻撃が発生し、これにより我が国の存立が脅かされ、国民の生命、自由及び幸福追求の権利が根底から覆される明白な危険があること」、「(二) これを排除し、我が国の存立を全うし、国民を守るために他に適当な手段がないこと」「(三) 必要最小限度の実力行使にとどまるべきこと」の三つだ。

『安倍晋三 回顧録』で安倍氏が述べているように、平和安全法制は、《20~30年に一度の重要法案でしょう。憲法解釈を変えて合憲だと位置づけるという離れ業の論理を構築して、政府あげて法案をつくり、審議までこぎつけていたわけですよ》という法律だった(百六十四頁)。安倍氏の情熱そのものだったわけである。

法案が明らかになった時点でマス・メディアや人権左派を中心とした勢力は大騒ぎになった。「戦争を招く」あるいは「アメリカの戦争に巻き込まれる」、さらには「徴兵制が復活する」などと騒ぎ立てた。

安倍氏は内閣支持率が急落するのを覚悟の上で平和安全法制を成立させた。実際に支持率は十パーセント下がっている。

安倍氏はこのことについて、《内閣支持率の低下は承知の上ですね。あからさまに「打倒安倍内閣」といった運動を展開しているマスコミもありました。

こういう時は、我々は選挙で勝利しているのだから、確固たる決意でやっていくという意識を持つしかないのです。集団的自衛権の限定行使は正しいと信じていたし、選挙でも約束していますから、動じる必要はないのです》と述べている（百六十六頁）。

先に外務省が掲げている平和安全法制の効果を挙げたが、現象としてはその通りだが、その本質的な意味と価値は、「日本が、同盟国が攻撃されたら集団的自衛権を行使して報復するという集団安全保障の枠組みに入ることが可能になった」という点にある。

当然、このことは、日本に武力侵攻しようとする者あるいは国家に対する抑止力を高める。国家の安全、つまり国民の生命と財産を守ることに直接的に繫《つな》がるのである。

同盟という言葉を聞いた途端に「戦争に巻き込まれる」と眉《まゆ》をひそめて判断停止してしまう人は少なくない。日本が武力侵攻される可能性を想像しない。あるいは、戦争の放棄を掲げた平和憲法を持つ日本が武力侵攻されるはずはない、と考えている人もいる。

そうした、楽観というよりは虚無に近い考え方は、二〇二二年二月二十四日のロシアによるウクライナ武力侵攻という事実の前に改めて叩き潰されたはずである。現在、隣国の北朝鮮のミサイル発射実験は従来とは比較にならないほど回数を増し、規模を拡大している。中国が台湾統一の実力行動を起こせば、即刻、物理的な被害が沖縄に及ぶ。

平和安全法制の肝《きも》は集団安全保障の枠組みにしっかりと入ること、つまり日米同盟の強化と深化にある。

ロシアによるウクライナ侵攻は、同盟の重要性を世界に教えた。仮にウクライナがNATOに加盟していたとしたら、ロシアの武力侵攻は起こらなかっただろう。NATOの軍事力の前にロシアは大いにためらい、武力ではなく、いわゆる「話し合い」の回数を増して自らの目的を達成しようとしたはずだ。

抑止、とはこのことである。敵国に「簡単に勝てる」と思わせないだけの軍事力を自らが保持または防衛体制を用意し、攻撃を思いとどまらせる力のことを抑止力という。

かつてバルト三国のひとつに数えられたリトアニアという国がある。ロシアのシンパ国であるベラルーシの北西に隣接している国だ。

このリトアニアが、自国を経由してロシア領地に物資を運び込む鉄道輸送ラインを断じ、ロシアをして「深刻な結果が待っていることを覚悟せよ」と言わしめた。しかし、ロシアはリトアニアに対して侵攻することはないだろう。リトアニアはNATO加盟国だからである。

平和安全法制による日米同盟の強化とは、具体的に言えば次のようなことである。まず、日本の自衛隊と米軍とで効果的な共同訓練ができるようになった。共同訓練など従前からしてきたではないかと言われるかもしれないが、それは事実上、とてもではないが訓練とは言えない代物だった。

たとえば洋上訓練は、艦艇が単に横に並んで進んでいくだけだった。本来であれば、横に並んで進んでいる艦艇が攻撃を受けたことを前提に敵艦を殲滅《せんめつ》する作戦の遂行をシミュレーションするのが訓練というものである。平和安全法制を機に、日米共同訓練は本来の訓練のかたちをとることができるようになった。

海上自衛隊のイージス艦の艦柱（ブリッジ。甲板の高所に設けられた艦長の指揮所）に設置されたコンピュータはすべてアメリカの軍事システムと繋がっていて、いつでも米軍と一緒に防衛行動に移ることができる体制となっている。航空自衛隊のシステムについても同様だ。以前からシステム連携は実施されていたが、現在は、より緊密なリンケージになっている。

日米同盟の強化ということの背中には常に、いつまでアメリカのポチでいるつもりなのか、日本の真の独立についてては棚に上げるのか、という批判がついてまわる。

しかし、ロシアが国際秩序の破壊に走り、日本の至近で中国と北朝鮮が怪しい動きを速めている現時点において、安倍政権が成立させた平和安全法制による日米同盟の強化は考えられうる限りの最善策となっている。それがリアリズムというものだ。

自衛隊が米軍の配下となっている情況は、あらゆる面で事実である。同盟国を増やしていくことで、いかに丁寧に、慎重にその情況から脱していくか、それは将来的な課題でもあるだろう。

そして、特定秘密保護法と平和安全法制は、それを成立させた安倍氏の情熱というレベルを超越して、安全保障という重要な政治課題をクリアしていこうとする時のリアルなツールともなるのである。

第四章　奇怪なマス・メディア

メディアがつくる暗殺犯への共感

二〇二三（令和五）年七月九日、安倍晋三氏の命日の翌日だが、NHK総合テレビジョンはNHKスペシャルとして、「安倍元首相銃撃から1年　事件の深層と波紋」というタイトルの番組を放送した。五十分間の番組の内の三分の二以上にあたる三十分ほどは「旧統一教会めぐる問題」という見出しの内容で占められていた。残る十分は「被告の境遇に広がる〝共感〟」と見出しされていた。

後半の急ぎ足気味の十分の内、二〇〇八年八月に起きた秋葉原無差別殺傷事件を取り上げ、非正規雇用の不安定、格差社会といった社会問題が引き起こした事件であることを期待して共感してしまうことの危うさを語った政治・歴史学者の中島岳志《なかじまたけし》氏の見方、そして特に、番組の中ではあまりにも簡単に済まされてしまった、政治学者・五野井郁夫《ごのいいくお》氏が語った「暴力によって政治を変える、政治家を暗殺するのは絶対に許されない。民主主義に対する攻撃である」という常識中の常識は、もっと深く、時間的にも長く掘り下げられるべきだったと思う。

結局、番組は、「旧統一教会の問題以外に動機はない。旧統一教会についてもっと話を聞いてほしい」という暗殺犯の言い分を垂れ流しただけに終わったように見える。番組ではアナウンサーが声のトーンを上げて「動機が何であろうと暴力に訴えることは断じて許されません」と言っていたが、こういう言い方においては「動機が何であろうと」の部分にすでに十分に暗殺犯に対する共感があることに気づいている人も少なくないだろう。

誤解のないように改めて申し上げておくが、私は旧統一教会なるものを弁護しているわけではない。人が生きづらい問題など日本社会にはない、などと言っているわけでもない。安倍氏暗殺事件と事件をめぐる報道および世論に、安倍氏暗殺事件ならびに岸田総理暗殺未遂事件の本質、つまり国家ないし世界プラットフォームの破壊行為であるという常識があまりにも脱げ落ちてしまっていると思っているだけだ。

ロシアによるウクライナ侵攻があって、揺らぎ続ける世界秩序の中にあり、具体的かつ部分的に言えば、二〇二三（令和五）年七月から連日のようにミサイル発射実験を行うようになった、中国とロシアの後《うし》ろ盾《だて》がますます明確になりつつある北朝鮮の至近にある日本に暮らす国民として、現代の国際プラットフォームとしての民主主義という体制の理解、安全保障に関する理論の認識や用語の定義の理解、つまり国際常識を承知しておくことは、今後最低限、絶対に必要だろう。

安倍氏暗殺事件の公判開始を引き伸ばすこととなった二〇二三（令和五）年六月十二日の奈良地裁不審物事件は、その後、東京都清瀬《きよせ》市に住む人物が郵送した、暗殺犯の減刑を求める約一万三千人の署名が入った箱だった、と結論された。その人物は、いわゆる宗教二世であり、性同一性障害者で、二〇二三（令和五）年六月二十八日配信の『デイリー新潮』（新潮社）で長いインタビューに答えている。

その人物は、「いきなり死刑が執行されれば彼は無念に違いない」という思いで、「Change.org」というオンライン署名サイトで署名活動を行った、という。署名した人の中には、「無罪でいいくらいだ」という主張もあったという。

また、法政大学の、「こんなことを言うと顰蹙《ひんしゅく》を買うかもしれないけど、今までなんら一矢報いることができなかったリベラル市民として言えばね、せめて暗殺が成功してよかったと。まぁ、それしか言えない」（傍点・筆者）とネット配信番組で発言して大炎上した某教授のことを思い出す。「暗殺が成功してよかった」と某教授が放言した翌日に、「岸田総理暗殺未遂事件」が起きたことは、同じ空の下で、同次元で、同じ空間で臆面もなく繋《つな》がってしまうという荒涼とした事実だ。それは知性を完全に欠如したテロ容認発言に他ならない。某教授については、後に当然、謝罪コメントがあったものの、常識と倫理観のない人としか言いようがない。

そして、署名した人々の多くの減刑嘆願理由には、暗殺犯の人生背景への同情に加えて、二〇一五（平成二十七）年頃からネット上で盛んに言われるようになった何でも安倍氏のせいにする「アベガー」あるいは「アベノセイダーズ」、また、「アベシネ」の風潮が背景にある。安倍氏は悪い人間である、という風潮が、総理というこれ以上ないくらいの公人に対しては何を言ってもかまわないだろう、という思考停止によって蔓延《まんえん》した。

署名をまとめた人物は、「私は安倍元首相個人を嫌悪したりしていませんが、たとえば森友学園の問題があります。近畿財務局の男性が自殺した問題はいまだに真相は明らかになっていません。学園の理事長だった籠池泰典《かごいけやすのり》氏は、自身の父親も含め生長の家の信者であり、少なくとも安倍昭恵さんとは密接な関係があった。にもかかわらず、裁判は詐欺罪を巡るやり取りだけで終わってしまった。〝闇〟は残されたままという印象は強く、安倍政権を巡る様々な疑惑に関して日本の司法制度に不信を抱いている人は私だけではないと思います」と述べている。

〝闇〟なるものについて、一般人が取材活動を行い、自身の手で一次的な情報を入手するのは難しい。ほぼ不可能だ。すべての〝闇〟は、政権打倒・交代が使命のすべてだと言ってもいい野党による国政調査権等を利用した調査、そこからのリークないし独自取材から流されたマス・メディアの報道およびSNSなどのネットコミュニティ上の真偽取り混じった拡散によって醸成されたものである。

その代表的なものが、二〇一七（平成二十九）年に浮上した「森友学園」、「加計《かけ》学園」、二〇一九（平成三十一）年の「桜を見る会」の〝問題〟あるいは〝疑惑〟なるものだった。

森友学園〝問題〟報道の嘘

森友学園問題については、一般的には、森友学園が国有地を不当に安く取得したのではと国会で問題になったことが発端だ、とされている。これは少々、事実関係が違う。

森友学園はもともと、安倍政権に対する攻撃の種になる可能性があるとして、左翼リベラルの野党陣営からマークされていた。二〇一七（平成二十九）年二月九日に朝日新聞が「財務省近畿財務局が学校法人森友学園に払い下げた大阪府豊中《とよなか》市内の国有地の売却額は同じ規模の近隣国有地の10分の1だった。（中略）同校の名誉校長は安倍晋三首相の妻・

昭恵氏」という記事を報道して注目を集め、同月十五日に衆議院財務金融委員会において日本共産党の宮本岳志《みやもとたけし》議員が、「財務省近畿財務局から大阪府豊中市の国有地を買った学校法人森友学園が、近隣国有地の約一割の価格で買い入れていたことが今、大問題になっております。しかし、国有地の売却は近畿財務局の一存でやれるものではありません」として質疑したことで、森友学園問題は始まった。しかし、森友学園はそれ以前から一部で話題になっていた。愛国教育が過ぎている、という評判である。

右記のことがあった前年の二〇一六年十二月八日に、ロイターが次の記事を配信している。森友学園をめぐる問題で唯一、補助金詐欺罪などで刑事責任を問われ、有罪判決を受けた籠池泰典・諄子《じゅんこ》夫妻が当時運営にあたっていた塚本幼稚園に関する記事だ。

《大阪の幼稚園で「園児が教育勅語唱和」の理由

園長は「日本会議」の大阪支部長

大阪にある塚本幼稚園は一見すると、普通の幼稚園に見える。だが同園のカリキュラムは戦前の日本を思い起こさせる。

安倍昭恵首相夫人も訪問した塚本幼稚園幼児教育学園は、日本の伝統や文化に重点を置いたカリキュラムのなかで、3―5歳の幼児に愛国心を育むことを目的としている。制服を着た園児たちは毎朝、日本国旗の前で国歌を歌い、1890年に発布された「教育勅語《ちょくご》」を復唱する。教育勅語は第2次世界大戦後、米軍を含む連合国軍総司令部(GHQ)によって廃止された。多くの人が、日本の軍国主義をあおる一助となった、服従と道徳心の源であると教育勅語を捉えていた。

日本政府は1947年、戦後の平和憲法の自由主義的で民主主義的な価値を強化すべく、教育基本法を施行した。

塚本幼稚園は15年前から教育勅語を導入。ただし、園職員はナショナリズムを刺激する意図はないとしている。

「よく言われるナショナリズムと、私たちが教育のなかで進めようとしている、愛国主義や日本主義をもっと高らかに世界各国に広めていこうとすることは、全く違う」と、籠池泰典園長は話す。

籠池氏は、安倍政権と関係が近いナショナリストの民間団体「日本会議」の大阪支部長でもある。

（中略）

日本に危機が及ぼうとするなら戦わねばならず、そのためには戦争放棄を規定する憲法第9条の改正が早急に必要だと、同園長は主張する。

憲法改正は与党・自民党の主要政策課題の1つだ。安倍政権はすでに集団的自衛権の行使を容認する憲法解釈を変更している。

塚本幼稚園の案内パンフレットによると、来年には小学校も開校予定で、安倍首相夫人が名誉校長に就任するという。

（後略）》

《安倍昭恵首相夫人も訪問した塚本幼稚園幼児教育学園》というのは、二〇一五（平成二十七）年五月八日に産経新聞が報道した次の記事に拠《よ》っている。

《安倍首相夫人・アッキーも感涙……園児に教育勅語教える愛国幼稚園「卒園後、子供たちが潰される」と小学校も運営へ

■昭恵夫人「安倍首相に伝えます」

「夫婦相和し、朋友相信じ、恭倹（きょうけん）己を持（じ）し、博愛衆に及ぼし、学を修め、業を習ひ…」。園庭に2～5歳の園児約150人の大きな声が響く。

教育勅語（正式には「教育ニ関スル勅語」）は、明治23（1890）年に発布され、第2次世界大戦前の日本政府の教育方針の根幹となった文書。なぜいま、教育勅語なのか。

「子供に学んでほしいことは何か、とつきつめたとき、その答えが明治天皇が国民に語りかけられた教育勅語にあったからです」と籠池泰典園長（61）の答えは明快だ。

あどけない幼児が大きく口をあけ、難しい言葉を朗唱する姿を初めて見た人は一様に驚き、感動する。安倍首相の昭恵夫人もそのひとりだ。

昭恵夫人は昨年4月、同園の視察と教職員研修のため訪れたとき、鼓笛隊の規律正しいふるまいに感動の声を上げた。さらに、籠池園長から「安倍首相ってどんな人ですか?」と問いかけられた園児らが「日本を守ってくれる人」と答える姿を見て、涙を浮かべ、言葉を詰まらせながらこう話したという。

「ありがとう。（安倍首相に）ちゃんと伝えます」

（後略）》

《小学校も運営へ》の「小学校」が、問題となった土地に建設予定だった「瑞穂の國安倍晋三記念小學院」のことである。こうした報道を通じて、安倍氏のシンパである一民間法人と安倍氏との関係が一部の勢力に注目されていたのだが、報道とは別に、塚本幼稚園はその以前から、地元の政治家たちの注目対象だった。

うさん臭いから、という理由

アメリカの左翼メディア『HUFFPOST（ハフポスト）』日本版が、二〇一八年三月三十一日付の配信で、森友学園問題を最初に告発したのは大阪府豊中市の木村真《きむらまこと》市議会議員だったことを伝えている。木村市議は、《色んな「状況証拠」が集まってきたという感じでした。こうした資料などもそろえて、過去に名刺交換したことがある新聞社やテレビ局の記者にメールで情報提供した》とし、二〇一六年十一月末に朝日新聞と毎日新聞、NHK、共同通信の記者が話を聞きに来てくれた、と述べている。

木村市議によれば、二〇一五（平成二十七）年になって私立小学校ができるらしいことがわかり、変な施設などではなくて正直ほっとした、という。それが、次のような流れとなる。

《ところが、ちょうどそのとき、塚本幼稚園系の小学校ができるっていう話が入ってきたんです。塚本幼稚園ていうのは、園児たちに教育勅語やら軍歌やらを覚えさせていたところです。

まさかと思い、インターネットで検索してみると、塚本幼稚園を運営している学校法人がまさに、小学校を建てようとしていることがわかったんです。それが森友学園でした。

教育勅語は、天皇が臣民に対して向けた言葉なわけでしょ。私塾ならまだしも、学校教育法に基づく教育機関で、そんな憲法の理念に反するような教育は許されない、地元にそんな学校できたらたまらんと思ったんです。

小学校のホームページには、日本会議の関係者が複数人講演した記述がありました。一方で、塚本幼稚園が日本会議の関係者の勉強会の会場になっていたこともわかりました。

前理事長の籠池泰典さんも当時、日本会議大阪代表を名乗っていました。もっとも、日本会議側は、籠池さんはすでに退会していると言いましたが。

いずれにしろ、森友学園と日本会議とのつながりがはっきりしてきて、そんな中、安倍晋三首相の昭恵夫人が学校の名誉校長になっていることも明らかになったんです。

安倍首相は日本会議と近い存在です。もしかしたら、これは国有地の取得をめぐって、何かうさん臭いことがあるかもしれんと直感的に思ったんです》

当時は、『日本会議の正体』（青木理、平凡社、二〇一六年）という改憲絶対反対派の著書が発刊されるなど、日本会議は日本最大の草の根右派組織であり、安倍政権と密接につるんで日本を戦争へと導くために暗躍している組織である、などと誹謗《ひぼう》、中傷が盛んに行われていた。つまり、日本会議もまた安倍批判の道具として大いに使われた時期だった。

護憲派にとっては耐え難い教育方針を持った、日本会議と明確につながりのある小学校が地元にできるのは耐え難い。昭恵夫人が名誉校長になるというのだから、日本会議と近い安倍氏とも当然つながりがあることを考えれば、これは国有地の取得をめぐって、何かうさん臭いことがあるはずだ。……こうして始まったのが森友学園問題なのだ。

木村市議は、近畿財務局において当該土地の売却金額が非公開であることを訴えるためにまずビラ配りを開始したという。そして、情報公開請求に対して売却価格を非開示とした近畿財務局の対応は違法だと大阪地裁に提訴し、売却価格が一億三千四百万円だったことがわかった。

森友学園が購入した土地は、当時の鑑定評価額は約九億五千六百万円だったが、地中に大量のゴミ、産業廃棄物が見つかり、その除去費用約八億二千二百万円が差し引かれて一億三千四百万円で売却された計算である。この顚末《てんまつ》について、安倍氏は『安倍晋三 回顧録』の中で、次のように述べている（二百五十一頁）。


《この土地交渉は、財務省近畿財務局と国土交通省大阪航空局のミスです。15年に汚染土やコンクリートが見つかり撤去したのに、16年に新たなゴミが見つかった。ところが近畿財務局と大阪航空局が打ち合わせをして、学園側には黙っていた。これを知った籠池理事長が怒り、損害賠償を求める構えを見せたので、財務局が慌てて一気に値下げしたわけです。大阪航空局も、いろいろと問題があった土地だから、早く売ってしまえと財務局を急かした。様々なミスにつけ込まれたのです。でも、官僚には無謬性の原則があって、絶対に間違いを犯していない、という立場を取るのですよね。だから後から整合性を取ろうとして、国民の理解できないような行動をとってしまう。

本来なら、国土交通省と財務省が答弁すべきなのだけれど、野党は私の関与を強調したいあまり、本質と外れた質問をずっと繰り返していましたよ》

国土交通省と財務省は値引きの根拠を示せ、という野党側の追求に対しては、「約八億円の値引きは適正だった」との答弁があった。ただし、やはり九億のものに対して八億の値引きは大幅すぎる印象があるし、そもそも巨額である。そういった一般的な印象に託《かこつ》けて野党側は追求を続けた。安倍政権を倒すチャンスではあるのだ。

しかし、安倍氏の言うように交渉にミスはあったものの、この値引きには至極真っ当な事情があり、もしかすればそれ以上の値引きが正当だったかもしれないのである。八億円の値引きの算定根拠を、国土交通省は、「土地面積の六十パーセントにゴミが埋まっているという事実に基づいて算定した」と説明した。ところが、森友学園側が掘ったのは校舎建設を予定する場所の下だけで、全土地面積の四十パーセント程度でしかなかった。

ゴミが埋まっているのは土地面積の六十パーセント以上である可能性があった。そして、将来的に算定より多いゴミを処分する必要が生じても、国は一切責任を追わない契約になっていた。

二〇一七（平成二十九）年二月二十三日の衆議院予算委員会第三分科会で日本維新の会の木下智彦《きのしたともひこ》議員が明らかにした数字も興味深い。

木下議員は質疑で、「森友学園周辺の国有地が二件、豊中市に売却された。隣接する野田中央公園は、十四億二千万円で豊中市が買ったが、国の交付金が十四億円入っていて、市の負担は二千万円のみ。また、給食センターの土地は七億七千万円で市が買ったものだが、産業廃棄物の除去費用に十一億四千万円かかりそうで頭を抱えている」と述べた。つまり、森友学園は優遇されたわけではなく、野田中央公園の土地よりも悪い条件で購入したと思われるのだ。

森友学園側は別に優遇されたわけではなく、安倍氏も何ら関与していないから、汚職じみたところに一切のホコリは出てこなかった。実証を伴う必要のない〝疑惑〟というあまりにも便利な言葉で野党は追求と批判を続け、マス・メディアは時に捏造まで行って、安倍批判のネタを確保し続けた。例えば、大阪のあるテレビ局は、新設される予定の小学校を映像合成してつくりあげ、「安倍晋三記念小学校」という看板をそこに貼った。

問題の再燃と憲法審査会

昭恵夫人が利用された軽率さということを質問され、安倍氏は『安倍晋三 回顧録』の中で、次のように述べている（二百五十二頁）。

《致し方ない面もあるんですよ。昭恵の友人の娘が、森友学園の幼稚園に通っていて、その友人から誘われた話なのです。私が昭恵から森友学園の話を最初に聞いた時は、運営する幼稚園で園児に教育勅語を素読させているし、日本初の神道理念に基づく小学校の建設を目指すというから、なかなかのやり手だなと思ったのです。ところが、小学校名は安倍晋三小学校にしたいという話があったので、それはやり過ぎだと断ったのです。昭恵の名誉校長も実は断っているのです。にもかかわらず、籠池氏側は、その後も勝手に、安倍晋三小学校だ、昭恵が名誉校長だと吹聴していた。私の名前を利用して、寄付を集めようと思ったのでしょう》

翌二〇一八（平成三十）年三月二日、朝日新聞が《森友文書、財務省が書き換えか「特例」など文言消える》という見出しのいわゆるスクープ記事を報道し、森友学園問題は再燃した。「国有地取引の際に財務省が作成した決裁文書について、契約当時の文書の内容と、昨年2月の問題発覚後に国会議員らに開示した文書の内容に違いがあることがわかった」という内容で、「複数の関係者によると、問題発覚後に書き換えられた疑いがあるという」としていた。

問題そのものについては、関係者は、組織内処分は受けたものの、司法の場では、「背任罪」「証拠隠滅罪」「公用文書毀棄罪」「虚偽公文書作成罪」などの告発については不起訴、市民団体が行った検察審査会に対する審査の申し立てによる一部の不起訴不当議決に対しても大阪地方検察庁特捜部は再び不起訴として捜査は終結している。

内部処分はあったのだから、いわゆる官僚の不祥事ということなのだが、これについて安倍氏は、『安倍晋三 回顧録』の中で次のようなことを述べていて、興味深い（二百八十五頁）。

《この当時、官僚の不祥事が起きると、「官邸一強の弊害だ、おごりだ」とか、「官僚が私に忖度《そんたく》したんじゃないか」と言われました。でも、仮に官僚が忖度していたとしても、忖度される側のワタシには、分からないでしょう。

そんなに官邸が強すぎると批判するのであれば、ではどうすればいいのですか、と言いたかった。批判していた人たちは、官邸の力が弱体化し、政治が機能しなくなれば満足だったのですか。私には全く理解できません》

私もまったく理解できないが、理解できないことを主張して批判し続けるのが野党の仕事でもあろうことは確かであり、それに乗じてビジネスするのがマス・メディアというものだ。そしてさらには、多くの人は自分たちの政府が評価されること、つまり褒《ほ》められることを喜ばない、という不思議がある。

関係者が安倍氏のことなど気にしていなかったことは、種々明らかになった文書に示されている。安倍氏関与を示す爆弾証拠などという表現でマス・メディアが狂喜乱舞した、昭恵夫人付きの経産省出向官僚が籠池氏へ送付したファックスについても、いわゆる二枚目というものも含めて、当時の菅官房長官が記者会見で応答した「籠池氏側の要望には沿うことはできない、ときっぱり断っているのではないか。忖度以前のゼロ回答だった」の以上でも以下でもないだろう。

一連のアクションは財務省という組織を守るためになされたことであり、すべては官僚が安倍に忖度した結果だ、という結論を定説と考えているとすれば、それは誤認識だ。

「森友学園」問題の再燃は、自民党の党是であり、安倍政権の悲願であった憲法改正にも影響した。

国会には「憲法審査会」という常設機関がある。二〇〇七（平成十九）年八月、第一次安倍政権の時に、国民投票法が成立したのを受けて衆参両院に設置された。憲法審査会は、従来存在していた、憲法一般について広範かつ総合的な調査を行う「憲法調査会」と国民投票法を議論する「憲法調査特別委員会」の二つを引き継ぐ機関である。

ただし、大きく違うところがある。憲法審査会は前述の二機関と違い、憲法改正原案と憲法改正の発議を審議できると規定されている。つまり憲法審査会は、憲法改正のための常設機関であり、安倍氏が自らに課した「戦後レジームからの脱却」という大きな課題をクリアするための具体的・実践的なツールだった。

憲法審査会は衆参両院合わせて年に十二回から十五回程度の開催を続けていたが、森友学園問題が再燃した二〇一八（平成三十）年には八回に落ち込み、翌年になって十三回に持ち直した。野党が行う、批判のための批判、追求のための追求、議論のための議論が生む混乱には、このような効果がある。

憲法審査会は二〇二二（令和四）年には三十六回行われた。現在、衆議院においては週に一回の開催が定例となっている。

加計学園〝問題〟報道の嘘

「加計学園」問題は、「森友学園」問題と並行させるかたちで野党側が用意した安倍政権打倒のためのツールだった。

森友学園の土地買収にあたっての疑惑なるものが朝日新聞で報道されて国会に提示されたおよそ一カ月後の二〇一七（平成二十九）年三月十三日、社民・自由会派の希望の会の福島《ふくしま》みずほ議員が参議院予算委員会で、加計学園グループの岡山理科大学が愛媛県今治市《いまばり》に獣医学部を新設するにおいて総理の安倍氏が優遇を図ったのではないか、という質疑を行ったのに端を発している。

議事録にある福島氏の質疑の中の、「この獣医学部に関して、もう需要がきっちりあって、新たに獣医学部をつくる必要はないというのが文科省、農水省、そして獣医学会が、獣医師会が言っていたことなんですよ。それを今治市で、そしてまた新たに獣医学部をつくると。（改行・筆者注）これはやはり、なぜ質問しているかといえば、国家戦略特区の議長が総理であり、そしてその決定をしているからです。私は、逆に、友達やいろんな近しい人が関与している可能性があるんだったら、むしろそれは注意深くやる、慎重にやる、あるいはやらない、そういう配慮も実は必要だと思いますよ。だってまさに、まさに長年の友人、だって、総理が国家戦略特区で規制緩和をしたことで、総理の長年の友人はこれで利益を受けるわけじゃないですか」が、ほぼ批判のすべてだ。

これをもって、野党およびマス・メディアはほとんど「モリカケ問題」の火種《ひだね》を大きくすることのみに注力するようになる。

名称の偶然の符合とはいえ「モリカケ問題」はきわめて秀逸な、マス・メディア向けのプロパガンダ・フレーズだったと言えるだろう。まことに覚えやすく、さらにはふたつとも教育機関であり、学園という名称で共通しており、どちらかの問題の疑惑はそのままもうひとつの問題の疑惑の増幅を助けることになって相乗効果が生まれる。モリカケ問題は野党にとって政権打倒の千載一遇のチャンスだったことは間違いない。しかし、安倍政権が通算三千百八十八日の戦後最長を記録して終幕したことを考えれば、安倍氏に向けられた疑惑は、結局、いわゆる濡《ぬ》れ衣《ぎぬ》で終わったということになるだろう。

森友学園問題が再熱したように、加計学園問題も二〇一八（平成三十）年四月十日に再燃する。モリ再燃のこれもまた一カ月後の話だ。こちらも朝日新聞の報道による。

《獣医学部新設をめぐり、愛媛県が作成したとされる記録文書》という見出しで、《学校法人「加計学園」が愛媛県今治市に獣医学部を新設する計画について、2015年4月、愛媛県や今治市の職員、学園幹部が柳瀬唯夫《やなせただお》首相秘書官（当時）らと面会した際に愛媛県が作成したとされる記録文書が存在することがわかった。柳瀬氏が面会で「本件は、首相案件」と述べたと記されている。政府関係者に渡っていた文書を朝日新聞が確認した》という内容だった。

ちなみに、今治市における加計学園獣医学部は、認可プロセスに問題はないとして、二〇一七（平成二十九）年の十一月に正式に認可されている。

首相案件と総理のご意向

福島みずほ氏の質疑の中にある「需要がきっちりあって、新たに獣医学部をつくる必要はないというのが文科省、農水省、そして獣医学会が、獣医師会が言っていたこと」はその通りで、一九六六（昭和四十一）年以来、文部科学省は大学の獣医学部の新設を認めずに来ていた。

しかし、そもそも西日本、特に四国においては鳥インフルエンザなど家畜系の疫病《えきびょう》の流行があり、畜産部門の需要が拡大してきているという事情があった。

また、ペットブームということがあって獣医師たちの進路希望が小動物診療部門に集中し、需要に供給が追いつかない状態となっていたのである。

今治市は、二〇〇七（平成十九）年から構造改革特区を利用して獣医学部新設の認可を求めてきていた。構造改革特区は、小泉政権が規制緩和政策の一環として整えた「地方公共団体や民間事業者の自発的な立案によって地域の特性に応じた規制の特例を導入する特定の区域」である。しかし文科省は、獣医師要請は高度専門職であるから全国的見地をもって対応すべきだとして今治市の求めには応じずに来ていた。

そうした流れの中で第二次安倍政権が二〇一三（平成二十五）年、国家戦略特別区域を制度化する。そして二〇一五（平成二十七）年六月、「現在の提案主体による既存の獣医師養成でない構想が具体化し、ライフサイエンスなどの獣医師が新たに対応すべき分野における具体的な需要が明らかになり、かつ、既存の大学・学部では対応が困難な場合には、近年の獣医師の需要の動向も考慮しつつ、全国的見地から本年度内に検討を行う」という内容を含む「『日本再興戦略』改訂二〇一五」が閣議決定された。

具体的に言えば、獣医学部新設の募集が開始された、ということである。内閣府は国家戦略特別区域の指定を受けた今治市で獣医学部を二〇一八（平成三十）年に新設可能な大学法人を募集し、加計学園を選定した。

そして、加計学園の選定について総理の安倍氏が優遇したという疑惑を裏付けるものとして、二〇一七（平成二十九）年五月十七日、朝日新聞が朝刊一面で、《新学部「総理の意向」文科省に記録文書　内閣府、早期対応求める》という見出しの記事を報道した。「これは総理のご意向」と記された加計学園獣医学部新設に関する文書が文部科学省にある、という内容である。紙面には、文書なるものの写真も載っていた。文書は「大臣ご確認事項に対する内閣府の回答」と題され、《設置の時期については、今治市の区域指定時より「最短距離で規制改革」を前提としたプロセスを踏んでいる状況であり、これは総理のご意向だと聞いている》という文章で始まっていた。

この文書について、当時の菅内閣官房長官は、「まったく怪文書みたいな文書じゃないか。出どころも明確になっていない」と述べ、松野《まつの》博一《ひろかず》文部科学大臣（当時）は、「文書の存在は確認できなかった」とした。

そこに、前文部科学省事務次官の前川《まえかわ》喜平《きへい》氏が登場する。同月二十五日に日本記者クラブで記者会見を開き、「在籍中に共有していた文書で確実に存在していた」と述べ、一躍注目を浴びた。

当初から、文書を流出させた張本人ではないかと噂されていた前川氏は、国会に参考人として出席した際、「あなたが流出させたと言われているが、まさかそんなことはないですね」と問われ、「お答えは差し控えたい」としている。流出させていないのであれば即座に否定すればいいだけの話だ。

そして二〇一八（平成三十）年四月の「本件は、首相案件」の加計学園問題再燃ということになっていくのだが、「首相案件」あるいは「総理のご意向」ということについて、安倍氏は『安倍晋三 回顧録』の中で、《あらゆる案件が「首相案件」にされてしまうのは、私の意向だと強調すれば実現する、という考えが根底にあるからです。メモを残した愛知県や今治市も同じでしょう》と言っている（二百八十七頁）。

先に触れたように、そもそも西日本、特に四国において畜産部門の獣医師が不足しており、防疫《ぼうえき》上、獣医師の育成が緊急の課題として存在している、という状況があった。その一方、日本獣医師会には、獣医師の数を増やしたくないという意向があった。獣医師間の競争の激化を防ぐためであり、各獣医師の利益を確保するためだ。日本獣医師会はロビー活動を行い、関連する役所や機関に政治的な圧力をかけていた。

『安倍晋三 回顧録』で安倍氏はこう述べている。

《日本で獣医学部が新設されるのは、52年ぶりのことでした。しかも、国家戦略特区の制度を利用して、ようやく認められたわけでしょう。競争相手を増やしたくない獣医師会側が、新設を認めないよう政界に働きかけていたのです。

医療系の大学も、新設が難しい。獣医師会と同様に、競争相手を増やしたくない医師会の意向が働いています。そうした構造的な問題を改革しなければならなかったのです

が、私がやったら「加計のためか」などと疑われてしまったでしょう。踏み込むことはしませんでした》（二百八十七頁）

前出の前川氏は、「首相のご意向」ということから「行政が歪《ゆが》められた」として、ここぞとばかりに安倍政権批判の名調子を種々のメディア上で展開していた。そこに、天敵とも解釈されるべき人物が現れる。前愛媛県知事の加戸守行《かともりゆき》氏だ。

正された、歪められた行政

二〇一七（平成二十九）年七月十日、参議院文教科学委員会、内閣委員会連合審査会に、参考人として前川氏と加戸氏が招致され、質疑に応答した。加計学園問題をめぐる閉会中審査である。議事録から、ポイントとなるであろう質疑応答の部分を抜粋して紹介していこうと思う。

「（青山繁晴議員）前川参考人にお尋ねします。あなた様におかれては、日本に獣医師の不足がないから、愛媛県今治市に加計学園が新たに獣医師学部をつくることは行政を歪《ゆが》めることであるという趣旨で発言されていると思いますが、この今、申し上げた実態は御存じなのでしょうか」

「（前川喜平氏）違います。獣医学部の新設について、一律に申請を受け付けないというこれは告示があるわけでございますが、その告示に対して特例を設けるかどうか、あるいは告示の撤廃を考えるかどうか、獣医学部の入学定員について定員管理をするというポリシーを捨てるか捨てないか、これは政策論議をすべき問題でありまして、それは国家戦略特区を舞台にして議論することもできるでしょうし、あるいは一般論として議論することもできます。

この規制緩和をすべきかどうかという問題と、その規制緩和の結果として加計学園に獣医学部の新設を認めるかどうかという問題とは、これは次元の違うことでございまして、私が歪められたというふうに思っております部分というのは、規制緩和の結果として加計学園だけに獣医学部の新設が認められるに至ったプロセスであります。その部分が問題であるし、不公平な部分があるのではないか、また不透明な部分があるのではないか、そこの解明が必要だというふうに考えているところでございます」

この応答を青山議員は、「僕の予想したとおり」とし、次に加戸氏への質疑に移った。

「（青山議員）加戸参考人におかれては、自治体の最前線でこの獣医師不足に直面してこられました。どのような実態でしょうか。また、前川参考人の先ほどの御答弁、お答えをどのようにお聞きになりましたでしょうか」

「（加戸守行氏）お答えいたします。まず、参考人でお呼びいただいたことに心から感謝申し上げます。

もう十年前に愛媛県知事として今治に獣医学部の誘致を、当時は、構造改革特区の名の下に申請した当時のことを思い返しまして、鼻も引っかけていただかなかったこの問題が、こんなに多くの関心を十年後に持っていただいているということに不思議な感じがいたしております。

当時、愛媛県知事としてたくさんの仕事を預かりながら、県民の生命、身体、財産、畜産業の振興、食品衛生、その他で一番苦労しましたのが鳥インフルエンザ、あるいは口蹄疫《こうていえき》の四国への上陸の阻止、あるいはＢＳＥの問題の日本への波及の阻止。言うなれば、四国という小さな島ではありますけれども、こういった感染症対策として一番防御が可能な地域という意識もございましたし、そして、アメリカがこの問題で、狂牛病の体験を受けて先端切って国策として、これからはライフサイエンスと感染症対策をベースとした獣医学の教育の充実ということで、大幅な獣医学部の入学者の増加、そして三つの獣医科大学の新設という形で懸命に取り組んでいる姿を横で見ながら、何と日本は関心を持っていただけない国なんだと。私は少なくとも十年前に愛媛県民の、そして今治地域の夢と希望と関心を託してチャレンジいたしました。厚い岩盤規制で、はね返され、はね返され、やっと国際戦略特区という枠の中で実現を見るようになった今、本当にそれを喜んでもおります。

先ほどの話がございました行政が歪められたという発言は、私に言わせますと、少なくとも獣医学部の問題で、強烈な岩盤規制のために十年間我慢させられてきた岩盤にドリルで国家戦略特区が穴を開けていただいたということで、歪められた行政が正されたというのが正しい発言ではないのかなと私は思います」

加戸氏は前川氏の「行政が歪められた」という見方を真っ向から否定し、愛知県前知事という立場をもって百八十度異なる評価をした。また、前川氏ばかりではなく、審査会のかなりの部分を覆っていた「すべてのプロセスは加計学園ありきで進んでいた」という雰囲気について加戸氏は次のように述べている。

「私の知事の任期の終わりの方に民主党政権が誕生して、自民党じゃできないのは私たちがやる、と言って頑張ってくれました。対応不可の門前払いから実現に向けての検討とレベルアップしました。ああ良かったねと言って、私は次の知事にバトンタッチしました。

ところが、自民党政権に返り咲いても何も動いていない。何もしないでいて、ただ今治だけにブレーキを掛ける、それが既得権益の擁護団体なのか、という悔しい思いを抱えながら参ってまいりました。そして、国家戦略特区で取り上げられ、私も昔取ったきねづかで、今、今治市の商工会議所の特別顧問という形で、この応援団の一員として参加しております。

それを眺めながら、大切なことは、欧米に伍《ご》した先端サイエンスと感染症対策と封じ込めと、私たち日本人の生命が懸かるこの問題を、欧米に遅れないような獣医師を養成しなけりゃならないことに手を加えないでおいて、今治は駄目、今治は駄目と。加計ありき、というのは何でかなと思います。私は加計ありき、じゃありません。加計学園が、たまたま愛媛県会議員の今治市選出の議員と加計学園の事務局長がお友達であったから、この話がつながれてきて飛び付きました。これも駄目なんでしょうか。お友達であれば全て駄目なのか」

「少なくとも私の知る限り、提案した時点から、東京の私学の獣医学部は四十五人とか五十人とか五十数人の教授陣容のままで、時代の進展に対応しないまま今日に来ております。

その中で、今治で計画している獣医学部は七十二人の教授陣容で、ライフサイエンスもやります、感染症対策もやりますすと、様々な形での、もちろんそれは既得の、例えば医学部の一分野で何かやられているかも知れませんけれども、そういう意欲を持って取り組もうとしているのに、何と言うんですか、いびり婆《ばあ》さんじゃありませんが、薬学部ならどんどんつくってもいいけれども、獣医学部はびた一文駄目だって、こんなことが一体この国際化の時代に、欧米に遅れてはいけない時代にあり得るんだろうか、というのが私の思いでもありました。へ理屈はいいんです。

ただ、それからもう一つ感想を言わせていただくと、私は霞が関で三十数年生活いたしました。省庁間折衝《せっしょう》等あります。自分の思いを、省を代表して、激しい言葉も使い、場合によっては虎の威《い》を借るキツネのような発言もあり、でも事柄が決着した後は、酒を酌《く》み交わして、そしてお互いの、ああ、あなたもきつい言葉使ったねと言いながら、決まったことに向かっての次の施策《しさく》へ向かっていく、これが霞が関の文化でした。

今回は霞が関の文化が感じられません。時代が変わったんでしょうか。少なくとも、日本国民にとって、時代の潮流の中で、どこが何を求めているのか、それに対応するにはどうすればいいのかを考えることであって、私は本質の議論がされないままに、こんな形で獣医学部がオモチャになっていることに甚だ残念に思います」

また、加戸氏は、メディアに対して「たくさん今まで私のところに取材がありましたけれども、都合の悪いことはカットされて、私の申し上げたいことを取り上げていただいたメディアは極めて少なかったことを残念に思いますけど、あのYouTubeがすべてを語り尽くしているんではないかなと思います」という苦言を呈している。加戸氏の言う「YouTube」とは、同年六月十三日に行われた国家戦略諮問《しもん》会議における民間有識者委員の記者会見の模様を収録・配信した一連の動画のことである。

加戸氏の総発言時間が約二十分に及んだこの審査会の模様はインターネットで生中継されていた。ネット上では、「お友達だと自ら認めてしまったではないか」、「加戸氏の熱い想いはわかったが不透明さが払拭《ふっしょく》されたわけではない」といった批判的な意見もある一方、「問題の本質は既得権益を持つ獣医学会との戦いにあるということがよくわかった」、「加戸氏の話がすべてだ」という意見とともに、特に「加戸氏の話には響くものがあった」という意見が多く発せられていた。

加戸氏の証言は、加計学園問題と言われているもの、つまり官邸の関与を明確に否定するものだったが、もちろん放送時間や紙面の都合もあるだろう、加戸氏の証言の意味を十分に伝えるマス・メディアはほとんどなかった。加戸氏の存在を無視さえするメディアもあったほどだ。

あいかわらずテレビのワイドショーは安倍氏の南カリフォルニア大学留学の同期である加計学園理事長の加計孝太郎《かけこうたろう》氏と酒席をともにする安倍氏の写真を垂れ流し、審査会関連での前川氏と官邸側の対立構造ばかりを扱っていた。加戸氏の証言を積極的に取り上げていた方である産経新聞系のメディアでは、テレビにおける前川氏の答弁の放映時間は加戸氏のそれの二十五倍強だったことを伝えている。

安倍氏は嫌な奴であり、間違っており、官邸は権力を使って私服を肥《こ》やし、ということが軸になった報道あるいはワイドショーでなければビジネスにならない。それが当時のマス・メディアの意向であり、今もそれは変わらない。

安倍氏暗殺から学ぶべきもの

『安倍晋三 回顧録』では、内容の濃さは別にして森友学園・加計学園の問題について割いている頁数は七頁ほどと多くない。それでも私が前項まで、同問題を半ばしつこいほどに述べてきたのには理由がある。

安倍氏暗殺事件の直後、二〇二二（令和四）年七月十二日から二十二日まで大手ネットポータルの『Yahoo!』が《安倍政権に関する出来事で、最も印象に残っているものは？》というアンケートを行った。十三万九千二百九の投票があり、結果は次の通りとなっている。

1. 森友・加計問題	57・9%	8万6642票
2. アベノミクス	14・4%	2万1144票
3. 日米関係	7・5%	1万3944票
4. 桜を見る会問題	4・6%	6404票
5. 憲法改正への取り組み	3・0%	4187票
6. 安全保障関連法の成立	2・7%	3724票
7. 集団的自衛権の行使容認	2・4%	3404票
8. その他	1・5%	2137票
9. 新型コロナウイルス対応	1・5%	2104票
10. 消費税増税	0・9%	1283票
11. 日中・日韓関係	0・9%	1249票
12. 東京五輪・パラリンピック対応	0・8%	1058票
13. 特定秘密保護法の成立	0・7%	1027票
14. 内閣人事局設置など人事権の活用	0・4%	543票
15. 災害・復興対応	0・3%	427票

16. 新しい元号「令和」決定　0・2%　294票
17. 国民投票法成立　0・2%　218票

ネットアンケートであり、日本はフリーアクセスのネット環境にあるから、ある勢力が意図的に操作した可能性もあるが、だとすればおそらく、一位を「憲法改正への取り組み」ないし「安全保障関連法の成立」あるいは「集団的自衛権の行使容認」に操作し、コメントに「大反対」と寄せるだろう。

このアンケート結果は、おおむね、日本の世論を反映している、少なくともテレビ系メディアの各項放映時間のパーセンテージをそのまま反映しているものと言えるだろうと思う。

安倍氏が暗殺されるに及んでも、安倍政権において最も印象に残っているのは圧倒的に「森友・加計問題」なのである。いわゆる「〝闇〟は残されたまま」というのが多くの日本人の安倍政権に対する評価であり、〝闇〟は残されたままであるにせよ、「理由は何であれ、暴力は許されない」、というのが多くの日本人にとっての安倍氏暗殺事件なのだ。安倍が嫌いだ、という感情を覚えた時点で思考停止をして、絶対に理解・認識しておかなければならない問題から逃げている、といったところだろう。

多くの人が安倍政権の印象を「森友・加計学園」問題に集中させる一方、もちろんのことなのだが、安倍氏はきわめて好かれる人物、政治家でもあった。暗殺事件後、安倍氏を評価する多くのコメントが時を経て改めてSNSをはじめとするネット上に流されたものに、暗殺された年の三月三十一日、近畿大学の卒業式で安倍氏が行ったスピーチがある。安倍氏の政治家としての思想、人物がストレートに表れているスピーチである。政治家の応援演説を別にして、生前最後の、数千人規模の一般の人たちを前にしたスピーチとなったものではないかと思う。長くなるが、全文を引用する。

皆さん、安倍晋三です。

卒業生の皆さんおめでとうございます。そして、どうぞお掛けになってください。失礼しました。

オンラインでご覧のご両親、ご家族の皆様また関係者の皆様、本日はおめでとうございます。

今日まで色々なことがあったと思います。

幼稚園や保育園への送り迎え、お弁当を作ったり、叱ったり、褒めたり、ぶつかったり大変な日々もあったでしょう。

でもそうした皆さんの努力が報われて、今日の晴れの卒業式。皆さんのお子さんたちは立派に社会人として巣立っていきます。本当におめでとうございます。

さて、先ほど流れた私のつたないピアノ演奏ですが、何だよこれ、かくし芸かよと思った方もおられるかもしれません。

そんなようなものなんですが、本当はもうちょっと長いんですが、だいぶ短くカットされてしまいました。

昨年、東日本大震災から10年。慰霊の思いを込めたコンサートが10月に開催されました。

この『花は咲く』という曲は家族を失い、悲しみに暮れる人たちを励まそうと歌い継がれてきた曲でもあります。

被災者の私の友人はこの曲はド素人が一生懸命弾いた方がいい。そう考えて私に白羽の矢を立てました。

私は頼まれたら断らない。これが基本ですから引き受けました。

確かに私はド素人で、小学校に入った時に、母親から勧められてピアノの練習を始めた。ピアノの入門のスタンダードであるバイエルをちょうど終わった頃、親父が、

「どうやら晋三は才能がないようだから、もういいんじゃないか」

こう一言言って、私のピアノは卒業になりました。それ以来ですから約60年ぶりにピアノに挑戦しました。

結構忙しかったんですが、仕事が終わった後、夜、毎日毎日遅くまで一生懸命練習したんですよ。皆さん、成果はどうだったでしょうか。ありがとうございます。若干、拍手を強要したところはありますが。

しかし、ちょうどコンサートの日は総選挙と重なり、出演できなくなってしまい、ビデオでの参加となりました。

ビデオ撮影の日、この曲を弾いていると、あの日の光景が思い起こされました。

津波で家族を失い、愛する人を失い、絶望的な状況の中でたくさんの人達が苦しんでいた。

そんな時に私たちは人としてまた政治家として何ができるか、世耕《せこう》（弘成《ひろしげ》）理事長と

そう語り合って、私たちの手で物資を集めて、そして私たちの手で被災地に届けよう、そう考えました。

11年前の3月26日、被災地、避難所から要望のあった物資をありったけの物資を2台のトラックに積んで、そしてちょうど東北自動車道が一般車両に開通された日、福島に向かいました。

トラックを出してくれたのは、運送会社を経営している、須磨徳裕さん。皆さんの先輩、近大OBです。さすがですね。

朝の6時から次の日の早朝2時過ぎまで、社長さん自らがハンドルを握って運転し続けてくれました。須磨さん、ありがとうございました。

そして現地では自衛隊、消防、警察、役所の皆さん、またボランティアの皆さんと一緒に被災者の方々も悲しみをこらえながら捜索活動、そして避難所の運営に黙々と汗を流しておられた。

そしてその日、遅い時間にやっと着いたある町の漁協の組合長さんは、「安倍さん、よく来てくれたね、ありがとう」。こう言って明るく迎えてくれました。

でもその後、こう続けられた。

「今朝やっと女房の葬儀を終えたんだよ。でも俺は負けないよ。絶対に街を復活させるからね。安倍さんも頑張れよ」

この力強さと、雄々しさに私たちは圧倒される思いでした。

その時から遡《さかのぼ》ること4年前、第一次安倍政権はたった1年で幕を閉じました。ご承知のように、私は潰瘍性大腸炎という腸の難病と共に人生を歩んできたのですが、私の経験不足、そして政権運営の拙《つたな》さから選挙で大敗し、そして政権は行き詰まり、この持病が悪化し、内閣改造直後に辞任を余儀なくされました。

政権を投げ出した、日本中から厳しく批判されました。私の責任です。

私の政治家としての自信や誇りは砕け散ってしまった、もう安倍晋三は終わった。みんなそう思ったんです。

その後、新しい薬が幸い開発をされて体調の方は元に戻った。

でも、政治家として先頭に立ってリーダーシップをとる自信はまだなかった。

そんな時、懸命に頑張る被災者の皆さんの姿に接し、被災地の復興は、そしてそのために強い経済を取り戻すことが私の使命である。こう決意しました。

その後、自民党総裁選挙で何とか勝利し、総裁に復帰し、私たちは政権を取り戻しました。

なぜ不可能と言われた総理への再登板が可能となったか。

それは決して私が特別優れた人間だったからではありません。残念ながら特別強かったからでもない。

ただ一点、決して諦めなかったからであります。そして、諦めない勇気をもらったからなんです。

「無理かもって思ったら、もうそれより先になんて進めない」

「方法は無限大、可能性は永遠の海」

「やれそうって思ったら、もう、ほとんどは乗り越えたようなもの」

By つんく♂

つんくさんが近大のために作った曲の中の一つ。私の大好きな一節です。

諦めないことが大事です。そして出来ると思う自信がとても大切だと思います。

第一次政権は一年で終わり、短すぎる、こう批判されました。

でも第二次政権以降、長く続いて憲政史上最長になりました。

それはさっきも言ったように、私が特別優《すぐ》れていたわけではありません。私よりも優れた仲間たちがいたからであります。世耕理事長もそうです。

そういう仲間たちと一緒にチームで同じ方向に向かって進むことができたからなんです。

そして、その仲間の多くは第一次政権で同じように失敗をし、挫折をし、悔しい思いをし、唇を噛んだ。それが生かされたんだと思います。

皆さんもこれからの長い人生、失敗は付き物です。人によっては何回も、何回も何回も失敗するかもしれない。

でも大切なことは、そこから立ち上がることです。そして失敗から学べばもっと素晴らしい。

アメリカのウォルトディズニーは会社をクビになって、そして創業したけど倒産した。倒産を繰り返したんですが、その経験を糧《かて》に彼は大成功を収めました。それがアメリカ社会のすごいところです。

日本もそういう社会に変えていこうと一生懸命改革を進めてきた。まだ不十分かもしれない。

でも挑戦する人がいて、初めて何回も挑戦できる社会に日本は変わっていきます。

ですから私は皆さんに期待しているんです。

皆さんはこの大切な大学時代4年間、半分はコロナ禍、なかなか学校にも行けない、故郷に、実家にも帰れない、友達と過ごす時間もなかなか作れない、友達を作る時間も少なかった。本当に辛く困難な日々が続いたと思います。

でもそういう困難を乗り越えて、皆さん今日の日を迎えた。この特別な経験は必ず役に立ちます。

必ず糧になる。そして、この困難な時を、同じ場所で、同じ大学で過ごした仲間たちの絆《きずな》は、私は特別な絆だと思います。

それは皆さんの人生にとって、大切な財産になっていく。

11年前、私と世耕理事長が目にした光景は、津波で橋や道路や建物や家や車や人が押し流され、穏やかな日常が失われた想像を絶するような世界でした。

でもその中で人々は前を向いて助け合い、そして整然と行動しました。その姿に世界は驚嘆したのです。

私が行った首脳会談の中で、沢山の首脳たちから、この日本人の姿、称賛されました。

どうか皆さんもこのことを誇りに思ってもらいたいし、自信を持ってもらいたいと思います。

11年前の3月11日、一人でも多くの住民を避難させようと、最後までマイクを握ったり、あるいは声を枯らして、避難を呼びかけた人たちがいました。

危険を顧みず職務を遂行した人たち、そして発災後、黙々と瓦礫《がれき》を運び続けたボランティアたち、こういう人たちがいて、初めて私たちの社会は守られているんです。

私は皆さんたち、若い世代の皆さんと話をすると、世の中のために地域や日本や世界のために何か役に立ちたいと、こう思う、こう考える人が本当に多いので驚かされています。

ですから私は皆さんに期待しています。どうかチャレンジして、そして失敗しても立ち上がってください。

そして、皆さんの溢れる若い力で、よりよい世界を創ってください。

卒業おめでとう。ご清聴ありがとうございました。

少なからずセンチメンタルを含む感動的なスピーチであり、興ざめになるかも知れないが、あえて付け加えておきたいことがある。

それは、スピーチ中の「危険を顧みず職務を遂行した人たち、そして発災後、黙々と瓦礫を運び続けたボランティアたち、こういう人たちがいて、初めて私たちの社会は守られているんです」という一文だ。「危険を顧みず職務を遂行した人たち」が、まず最初に来ていることに注目したいと思う。

海外では軍人や警察官、消防士、救急隊員が非常に尊敬される。特にアメリカはその傾向が強く、例えば軍隊の身分証明書を見せれば、あるいは軍人であることがわかれば、美術館などを始めとする公共施設への入場やレストランでの飲食料金が割引になる。

なぜかと言えば、軍人や警察官、消防士、救急隊員は、何が生じているかわからない、どんな危険な状態になっているのか全く判明していない場所に、まず最初に身を投じなければならない職務に就《つ》いているからである。

こうした職務の人々を「ファースト・レスポンダー（First Responder）」と呼ぶ。ファースト・レスポンダーの概念は世界各国にあり、アメリカでは毎年九月十一日つまり、同時多発テロ事件が起こった日を「ファースト・レスポンダーズ・デー」として、そうした職種の人たちに対して感謝と敬意を示して表彰するイベントやセレモニーを行う特別な日としている。

日本にももちろんファースト・レスポンダーの概念はあるが、もっぱら医療現場における緊急体制のあり方を指すことが多いようだ。ファースト・レスポンダーたる人々への尊敬と感謝が日常的に強調されることはまずないと言っていい。日本には、縁《えん》の下の力持ち、という美徳があるからだ。

縁の下の力持ち、とは日本の伝統的なメンタリティを元にした素晴らしい表現ではあるけれども、現在の国際秩序における安全および安全保障にあっては、ファースト・レスポンダーを堂々と正面から評価し、目に見えるかたちで称賛する仕組みとメンタリティがやはり必要だろう。

近年、内容の是非はともかく、自衛隊に関するテレビ番組が増えたことが一時期あったが、それも静まってしまった。戦後の平和日本の守護神を気取るマス・メディアは、安全保障の実際を縁の下の力持ちとして隠し続け、慣れきったお花畑のビジネスモデルを固持し続けるつもりなのだろう。

安倍氏暗殺事件を通して私たちが気付かなければならないこと、あるいは学ばなければならないことはたくさんある。

おわりに

安倍晋三氏は、道半ばで逝《い》ってしまった。享年六十七歳。若過ぎる。

吉田茂《よしだしげる》がサンフランシスコ平和条約と日米安全保障条約に署名したのは七十二歳だった。山縣有朋《やまがたありとも》が第一次世界大戦の勃発を見て日英同盟および日中・日露・日仏関係の改善を唱えたのは七十九歳を迎えた時だった。葛飾北斎《かつしかほくさい》は七十四歳で「富嶽百景《ふがくひゃっけい》」を描き始めた。

安倍氏は多くの歴史的遺産を残した一方で、未達成なことも多い。憲法改正、拉致問題解決をやり残したのは、それが〈戦後レジーム〉からの脱却と同義だったからである。九条二項の改正なしに拉致被害者奪還が難しいということだ。デフレ脱却は入り口に辿り着いたが、アベノミクスの第三の矢は〈失われた三十年〉の中で日本の活力が萎《な》えたまま放たれることはなかった。

ところが安倍氏は、より巨視的なスケールで、氏自身が気づかぬ内に歴史に刻まれる足跡を遺した。今、知る人が少ないのは、同時代者が現在を歴史的に捉えることが難しいからだ。

一八五三（嘉永《かえい》六）年のマシュー・ペリーの浦賀《うらが》来航を境にして、日本は国際秩序の渦の中に放り込まれたが、実は安倍氏はこの百七十年間で、日本で誰もできなかったことを達成した。それは、安全保障を含む日本発信の外交戦略を諸外国に示し、国家戦略として採用させたことだ。具体的には米国、オーストラリア、インド、さらに英国、ドイツまでもを巻き込みながら、日本が世界各国に自らの歴史的立場を明示しながら、世界史のピクチャーを描いて、それまでなかった世界地図に導くことができたのである。

二〇一六（平成二十八）年八月に安倍氏が提唱した日本政府の外交戦略「自由で開かれたインド太平洋戦略」は、二〇一二（平成二十四）年に自身が発表した英語論文「アジアの民主的安全保障ダイヤモンド」がベースとなり、〈インド太平洋〉という用語もまた、安倍氏によるもので、米国は「太平洋艦隊」という米軍最大組織の名称を「インド太平洋艦隊」に変更した。二〇一七年十一月、当時の米大統領ドナルド・トランプがベトナムにおける演説の中で「『自由で開かれたインド太平洋』というビジョンを、この場で共有できたことを光栄に思う」と発言した。安倍政権の外交戦略をアメリカが採用したことに他ならない。ジョー・バイデン政権は二〇二二年二月に「インド太平洋戦略」を発表し、改めて「自由で開かれたインド太平洋」の推進を国家戦略の課題として掲げた。

さらに、ドイツもインド太平洋戦略文書を二〇二〇年秋に公表した。

安倍氏の仕事の意味と価値を世界で最も理解していないのは日本人だ。「安倍氏の遺産は日本を超えて」という論文を暗殺直後に米誌「TIME」に書いたのは、安倍氏と特別近くなかった国際政治学者のイアン・ブレマーだった。暗殺後一年強、日本を取り巻く政治的環境は不気味さを増し、社会現象も終末論的なディストピアを象徴する犯罪も目立つ。私たちは安倍氏が敷いた、あるいは敷こうとしたレールを客観的に見なければならないのに、岸田政権は真逆の対米従属の迷路に入り込み、日本列島が漂流し始めたのである。

最後になるが、本書の執筆を勧めてくれたエムディエヌコーポレーションのノンフィクション編集部の木村健一氏に心より感謝する。氏の奮闘がなければ、入院や手術というアクシデントもあり、本書の脱稿には至らなかったであろう。

二〇二三（令和五）年盛夏

西村幸祐

安倍晋三黙示録《あべしんぞうもくしろく》

『安倍晋三《あべしんぞう》 回顧録《かいころく》』をどう読《よ》むべきか

2023年9月21日　初版第1刷発行

［著　者］　**西村幸祐《にしむらこうゆう》**

［発行人］　山口康夫

［発　行］　株式会社エムディエヌコーポレーション
〒101-0051　東京都千代田区神田神保町一丁目105番地
https://books.MdN.co.jp//

［発　売］　株式会社インプレス
〒101-0051　東京都千代田区神田神保町一丁目105番地

［印刷・製本］　中央精版印刷株式会社

【カスタマーセンター】
造本には万全を期しておりますが、万一、落丁・乱丁本などがございましたら、送料小社負担にてお取り替えいたします。お手数ですが、カスタマーセンターまでご返送ください。

■落丁・乱丁本などのご返送先
〒101-0051　東京都千代田区神田神保町一丁目105番地
株式会社エムディエヌコーポレーション　カスタマーセンター
TEL：03-4334-2915

■書店・販売店のご注文受付
株式会社インプレス　受注センター
TEL：048-449-8040 ／ FAX：048-449-8041

●内容に関するお問い合わせ先
株式会社エムディエヌコーポレーション　カスタマーセンターメール窓口

info@MdN.co.jp

本書の内容に関するご質問は、Eメールのみの受付となります。メールの件名は、「安倍晋三黙示録『安倍晋三 回顧録』をどう読むべきか　質問係」とお書きください。電話やFAX、郵便でのご質問にはお答えできません。ご質問の内容によりましては、しばらくお時間をいただく場合がございます。また、本書の範囲を超えるご質問に関しましてはお答えいたしかねますので、あらかじめご了承ください。

ISBN978-4-295-20554-8　C0031